V&R

Täglich leben – Beratung und Seelsorge

In Verbindung mit der EKFuL
herausgegeben von Rüdiger Haar

Rüdiger Haar

Eltern unter Druck

**Beratung von hilflosen
und überforderten Eltern**

Vandenhoeck & Ruprecht

Bibliografische Information der Deutschen Nationalbibliothek

Die Deutsche Nationalbibliothek verzeichnet diese Publikation in der Deutschen Nationalbibliografie; detaillierte bibliografische Daten sind im Internet über http://dnb.d-nb.de abrufbar.

ISBN 978-3-525-67012-5
eISBN 978-3-647-67012-6

Satz: SchwabScantechnik, Göttingen
Druck und Bindung: ⊕ Hubert & Co, Göttingen

Inhalt

Vorwort des Bischofs
der Ev. Kirche von Kurhessen-Waldeck

Die Reihe »Täglich Leben« stellt für die Annäherung von praktischer Arbeit der psychologischen Berater und Pastoralpsychologen und der von Seelsorgerinnen und Seelsorgern eine gute Hilfe dar. Ich begrüße die Bemühung des Herausgebers, theologische Praktiker aus den Psychologischen Beratungsstellen im Raum der EKD zu Worte kommen zu lassen und so anschauliche Beispiele ihrer Arbeit als Modelle für eine lebensnahe und doch auch theologisch durchdachte Seelsorge zu geben. Ich wünsche der Reihe viel Erfolg.

Martin Hein,
Bischof der Evangelischen Kirche von Kurhessen-Waldeck

Vorwort

Elternarbeit ist ein Thema, das zunehmend Interesse gewinnt, weil die Erfahrung sich durchsetzt, dass wir über eine Stützung der positiven Möglichkeiten der Erwachsenen auch Kindern und Jugendlichen eine nachhaltige Hilfe verleihen können und so verhindern können, dass sie durch Drogen, Mobbing, Gewalterfahrungen (als Opfer wie als Täter) oder auch durch seelische Beeinträchtigungen gefährdet werden. Die Gesellschaft stellt heute keine klaren Strukturen und Orientierungen für Erziehung zur Verfügung und auch die Perspektiven für die Zukunft sind nicht immer richtungsweisend für die nachkommende Generation. Von daher ist es wichtig, dass nicht nur in Jugendhilfe und Beratungseinrichtungen, sondern auch in anderen Arbeitsfeldern, die mit Eltern und ihren Kindern zu tun haben, eine theoretisch und praktisch fundierte Form von Elternarbeit ermöglicht wird. Dieses Buch soll dazu beitragen, dass Beraterinnen und Berater, Seelsorgerinnen und Seelsorger, Diakone, Lehrer und andere pädagogisch engagierte Menschen einen Blick in die Werkstatt von Erziehungsberatern mit Erfahrung und theoretischer Kenntnis bekommen und anschauliche Beispiele für ihre eigene Praxis kennen lernen. Meine Erfahrungen in der Psychologischen Beratungsstelle der Evangelischen Landeskirche von Kurhessen-Waldeck und des Diakonischen Werks Kassel, sowie in der Mitarbeit am Institut für Psychoanalyse und Psychotherapie Kassel (DPG) sind Grundlage für das Buch.

Dabei wird der religiösen Frage nach der Verantwortung der Eltern und auch dem psychoanalytischen und theologischen Hintergrund der Rechtfertigung ein besonderes In-

teresse gewidmet. Die vorgestellten Techniken der Beratung
sind keine Tricks zur manipulativen Beeinflussung der Eltern,
sondern Orientierung an unterschiedlichen Formen der therapeutischen und beraterischen Beziehungsarbeit. Sie sollen
dem Aufbau einer offenen, respektvollen Beziehung zum Ratsuchenden als kompetentem Gegenüber dienen.

Alle Angaben über Personen haben zwar einen realisti-
schen Hintergrund, sind jedoch so verändert, dass zwar ihre
Aussagekraft bleibt, aber keine Bezugnahme zu tatsächlich
existierenden Menschen möglich ist.

Bei der Erstellung des Buches war die fachliche Diskus-
sion mit meiner Frau Marita Ehrenberg-Haar (analytische
Kinder- und Jugendlichenpsychotherapeutin in freier Praxis)
und meiner Tochter Kristin Susan Catalán Medina (Musikpä-
dagogin) hilfreich. Ich danke besonders auch meiner Tochter
Jannike Marie Haar für die Korrekturvorschläge, die den Text
noch einmal lesbarer gemacht haben.

Rüdiger Haar im Mai 2010

1. Einleitendes Fallbeispiel

Jan und Ulrike* haben drei Kinder. Der älteste ist ein Junge und kurz bevor er erwachsen wird, scheint er verrückt zu spielen: arrogante Aufsässigkeit, Haschischrauchen, Hasstiraden, Gewaltandrohung gegen die Mutter, Verachtung für den Vater, der sich angeblich nicht gegen sie durchsetzen kann und von dem er Unterstützung und Loyalität fordert, so wie das auch die Mutter von ihm erwartet. Die Eltern wissen nicht, wie ihnen geschieht. Sie gestehen sich ein, dass sie in der Kindheit des Jungen nicht immer ideale Eltern waren. Sie haben viel gestritten, es sind harte und entwertende Worte gefallen – wie gelegentlich heute auch noch. Aber das kann doch nicht diese Entgleisung des Jungen in der Pubertät begründen, meinen sie. Aus ihrer eigenen Kindheit erinnert die Mutter, dass sie geschlagen und entwertet wurde und dass der dominante Vater auch die Beziehung zur Mutter vernichtet hat, weil er ihr keine Chance zu einer eigenen Beziehung zur Tochter ermöglicht hat und wohl auch von Anfang an eine unterwerfungsbereite Frau gewählt hat. Ulrike will anders werden. Sie wird sich nicht so demütigen und entwerten lassen! Niemals! Deshalb bäumt sie sich auch auf, wenn ihr Mann laut wird oder sie beschimpft. Sie kann schneidend werden in ihrem Ton und ist eloquent genug, ihren Mann an die Wand zu reden. Dem fehlen häufig die Worte. Er hat es in seiner Kindheit nicht gelernt sich durchzusetzen und auch die Einfühlsamkeit für die Partnerin gehört nicht zu den Talenten, die ihm in die Wiege gelegt wurden. Deshalb rettet er sich in der Not zu deftigen Schimpfworten hin, die ihm Luft und Ruhe verschaffen sollen. Früher war er ruhiger, aber jetzt wehrt er sich und kann genau so lebhaft werden wie seine Frau. Er

beschwert sich gleichwohl dagegen, dass seine Frau ihn angeb-
lich dominiert. Jan und Ulrike denken oft an Trennung, aber
sie kommen noch einmal in die Beratung, um zu verstehen, wie
das mit ihrem Jungen geschehen konnte und um nach so vielen
Verletzungen einander wieder gut zu tun und die Beziehung zu
verbessern. Als Berater fühle ich Sympathie und Verständnis für
die Verzweiflung der beiden, obwohl die Heftigkeit und Schnel-
ligkeit ihrer Auseinandersetzung mich manchmal anstrengt. Ich
muss mich dann bemühen, einerseits schnell einzusteigen und
eine dritte Position einzunehmen, andererseits aber auch die
Entwicklung des Gesprächs zu »entschleunigen«, damit ein we-
nig Besinnung und Besonnenheit bei den Ehepartnern eintreten
kann. Zeitweise besteht die Gefahr, dass ich »eingebaut« werde
in ihre spannungsreiche Partnerschaft und als Dritter eine Rolle
der Vermittlung und Verständigung bekomme, die langsam aber
sicher unentbehrlich wird. Dann bespreche ich mit den beiden
eine Pause zwischen den Sitzungen, die zeitweise wöchentlich
stattfinden und nie zu genügen scheinen. Zunehmend merke
ich, dass ich bei aller Kritik an der Heftigkeit der erzieherischen
Reaktionen der Mutter und gelegentlichen Wutausbrüchen des
Vaters Hochachtung für ihre Leistung als Eltern entwickle und
ihre Anstrengungen zur Weiterentwicklung des Verständnisses,
der Geduld und der gegenseitigen Annahme liebenswert finde.
Und es scheint mir, dass sie im gleichen Prozess mehr Zuversicht
für ihre Zukunft und Achtung füreinander gewinnen.

Die Fallschilderung gibt uns einen Einblick in die schwere
Aufgabe der Eltern, in der Ablösung des Jugendlichen noch
die Beziehung zu halten und Geborgenheit und Sicherheit
zu bieten und andererseits sich abzugrenzen gegenüber un-
verschämten Aggressionen und experimentellen Übergriffen.
Die Triangulierung (also die Fähigkeit im Dreieck zu denken
und mit Fremdheit und Differenzen umzugehen) scheint im
Verhältnis von Jugendlichem, Vater und Mutter nicht mehr zu
funktionieren. Der Jugendliche entgleist, indem er die Mutter
als Feindin annimmt (obwohl er vielleicht in der nächsten
Stunde sich ihr wieder annähert) und den Vater als illoyalen

Kumpel verachtet. Die Unterstützung, die sich die Eltern geben (müssen) wird als Treuebruch und Schwäche verdächtigt.
Die Mutter scheint dem Jungen einen Anlass für die wütenden Attacken zu bieten, indem sie sich ihrerseits aggressiv
und kompromisslos gegen seine Aggressionen zur Wehr setzt
und scharf und zielsicher seine Schwächen entdeckt und ihm
vorhält. Sie zeigt in ihrer Konsequenz und Nachhaltigkeit
auch ihre Ideologie, dass sie sich als Frau nie wieder unterwerfen und demütigen lässt. In Identifikation mit dem so zu-
rückgewiesenen Jungen fühlt sich auch der Vater von der Frau
dominiert und nicht genügend geliebt. Da er Probleme damit
hat, sich in sie einzufühlen und sich selbst nicht sicher in
seinem Wert fühlt, zu sich auch nicht selbstverständlich und
gelassen stehen kann, ist er bestechlich durch den Vorwurf,
er lasse sich ja von der Mutter zum Papageien machen und
sei schwach. Das kränkt ihn und so tobt er zeitweise auch los,
wenn er den Eindruck hat, dass seine Frau ihn nicht schätzt
und achtet.

Beide Partner sind geprägt durch Elternhäuser, die
ebenfalls von den Kindern als unzureichend und wenig an-
nehmend beschrieben werden. Die Mutter beschreibt ihre
Erziehung als dominant-entwertend (Vater) und mit wenig
Autorität ausgestattet (Mutter). Der Vater zeigt, dass er bei eigenen Eltern nicht lernen konnte, wie man sich einfühlt, ohne
die eigene Position aufzugeben und wie man sich durchsetzt,
ohne den anderen zu verletzen.

Als Berater fühle ich mich häufig ausgeschlossen und wie
ein Schiedsrichter aus dem Spiel herausgehalten. Ich werde
andererseits als Normengeber benutzt und meine Sätze werden von der Mutter rezitiert. Sie versucht so, sich Sicherheit
zu geben und ihrem Mann ein alternatives Modell von einem
Mann entgegen zu halten. Das geht nicht lange gut und der
Mann fühlt sich seinerseits ausgeschlossen und droht, mit mir
zu rivalisieren. Es gelingt mir aber, sein Vertrauen zu erhalten
und in wechselnder Parteilichkeit sowohl der Mutter als auch
ihm Hilfen zum Verstehen und Worte zur Verständigung zu
leihen. Die Eltern merken dabei, dass sie beide akzeptabel

sind, auch wenn sie im Augenblick sich so unterschiedlich fühlen und eine große Distanz zum Partner haben.

Die große Geschwindigkeit und Lautstärke, mit der das Paar kommuniziert und lebhafte Stimmungen in Gang setzt, scheint mir zum einen die Not darzustellen, dass ihnen für das erlebte Chaos nicht genügend Strukturierungsvermögen zur Verfügung steht, zum anderen der Versuch, Unsicherheit, Scham und Angst zu überspielen und mit Aktionismus und Provokation zu einer Lösung vorzustoßen. Demgegenüber ist es mir wichtig, schnell da zu sein und zu intervenieren. Ich zeige mein Interesse und meine Wachsamkeit als Teilhaber am Beziehungsgeschehen. Andererseits ist es in der Folge wichtig, wieder Überblick und Besinnung zu ermöglichen und den Prozess zu verlangsamen. In ähnlicher Weise bin ich zeitweise gefordert, mich als Dritter hineinzugeben und dann wieder auch herauszugehen und die Autarkie des Paares zu begünstigen. Bei all dem bemühe ich mich, jeden von beiden zu hören und zu verstehen. Ich sage ihnen auch, dass ich sie wie eine Stereoanlage höre. Es kommen aus beiden Lautsprechern unterschiedliche Töne, aber es ist eine Musik (vgl. Koschorke). So wird ihre Gemeinsamkeit als Paar positiv gespiegelt. Beide sind mir sympathisch und auch das deute ich an und vermittle ihnen so, dass sie sich nicht immer mögen, aber für den Außenstehenden auch in ihrer Unterschiedlichkeit annehmbar und liebenswert sein können.

Als Dritter habe ich auch die Chance, den mir nicht persönlich bekannten Jugendlichen zu vertreten. Ich kann mir vorstellen, wie verloren er sich fühlt, wenn die Eltern miteinander kämpfen und er lediglich Zündfunke und Anlass für eine Auseinandersetzung zwischen Mann und Frau ist, die er nicht versteht. Er kann sie nicht verstehen, weil sie Vorläufer in der Geschichte der Eltern hat, die ihm nicht zugänglich sind. Sein Unwissen macht ihn unsicher und wütend. Als Kind will er für alles gedankliche Ursache sein und wirkungsmächtig werden. Er will die Welt bewegen und verändern. Das liegt in der kindlichen Omnipotenzvorstellung bereit seit Beginn der Individualisierung, also dem Ich-Gefühl des

Kleinkindes und wird noch einmal durch die Ablösung des Jugendlichen in der Adoleszenz verstärkt. Der Narzissmus des Jugendlichen kann die Kränkung nicht gebrauchen, die darin liegt, dass sich die Eltern auch ohne sein Zutun verändern und auseinandersetzen. Es muss mit ihm zu tun haben und so beschuldigt er zunächst die Mutter, die den Mann (also auch ihn) auf Distanz hält und sich nicht manipulieren und unterwerfen lassen will (also Widerstand gegen das Begehren der Männer übt) und dann den Vater, mit dem er rivalisiert. Kränkung und Rivalität machen ihn »verrückt«, wütend und gewaltbereit. René Girard (2002) beschreibt so die Mimetik (Nachahmung, Ansteckung) der Gewalt.

Wenn ich als Berater solche mimetischen Kreisläufe von Aggression, Rivalität und Gewalt in der Familie beeinflussen will, muss ich die Beweggründe aufspüren und verständnisvoll aufarbeiten. Es ist ja verständlich, dass die Mutter sich geschworen hat, sich nicht wieder demütigen zu lassen wie von ihrem Vater. Es ist auch verständlich, dass der Vater, wenn er in seiner Kindheit wenig emotionale Spiegelung und Wertschätzung erhalten hat, gegenüber der schneidenden Distanzierung und Abwehr seiner Partnerin erschreckt reagiert und sich gegen ihre vermeintliche Dominanz wehrt.

Das spiegele ich den beiden wieder und meine Sympathie für jeden von ihnen hilft dazu, diese Erkenntnis anzunehmen. Dann ist Raum dafür, die Situation des Jugendlichen anzuschauen und daran zu arbeiten, dass sie als Paar ihn als Dritten sehen, dem gegenüber sie eine Verantwortung haben, der ihre Aufklärung und Leitung braucht. Mit ihm haben die Auseinandersetzungen zunächst gar nicht zu tun. Das muss jetzt auch ihm klar werden. Die Eltern werden also darin bestärkt, ihm gegenüber ruhig zu bleiben, ihm eine unaufgeregte Haltung entgegen zu bringen und deutlich zu machen, dass sie seine Probleme und Gefühle zu verstehen versuchen.

Beratung von Eltern, die unter Druck sind, lässt auch den Berater unter Druck geraten, wie man hier sieht. Er darf Angriffe und Aggressionen nicht sogleich auf sich beziehen, sondern muss den Blick auf die Einstellung des Vaters und der

Mutter und ihre Hintergründe gerichtet halten. Dann kann er mit einer ruhigen und aufmerksamen Haltung Raum schaffen für neue Entwicklungen und den Druck vermindern helfen.

2. Besonderheiten der angesprochenen Personengruppe Eltern

2.1 Gesellschaftliche Beeinflussungen der Elternschaft

Für Eltern und ihre Kinder haben sich in den letzten Jahrzehnten wichtige gesellschaftliche Veränderungen vollzogen, die zu ökonomischen und kulturellen Kontrasten geführt haben.

Auch die Familie, ihre Entwicklungsbedingungen und ihre Dynamik haben sich gewandelt. Der Wunsch des Paares, eine Familie zu gründen, geht heute nicht auf die Hoffnung zurück, durch das Kind einen wirtschaftlichen Nutzen zu haben (das Gegenteil ist der Fall!), sondern auf eine psychologische Nutzenfunktion hinaus: das Kind soll Sinn- und Selbsterfahrung bringen. Es entspricht dem Wunsch nach Sinn und Verankerung, ist gleichzeitig ein Glücksanspruch, der auf Beziehungslust zielt. Das Paar möchte das Gefühl erleben, verantwortlich zu sein, zuständig zu sein, emotional notwendig zu sein und sich in einer nächsten Generation verwirklicht und menschlich noch einmal »repräsentiert« zu sehen. Söhne und Töchter sollen dazu verhelfen, ein eigenes Ideal von Spontaneität, Sinnlichkeit, Unbefangenheit und Kreativität erreichen zu können. Die Kinder verkörpern dann das Ich-Ideal ihrer Eltern (vgl. Beck/Gernsheim, 139f). Diese ideelle Einstellung nun leidet schon in den ersten Jahren des Kindes unter der Verunsicherung durch den Fortschritt der Technik, das Tempo von Innovationen und auch durch die Ausbreitung pädagogisch-psychologischer Theorien, die einen inflationären Verfall traditionellen Elternwissens bewirken. Urgroßmutters Wissen hilft nicht mehr weiter, aber die

konkurrierenden Empfehlungen der Ratgeberliteratur auch
nicht. Eltern werden zurückgeworfen auf das eigenverant-
wortliche Handeln und auf Spontaneität und Unmittelbarkeit
der Antwort auf das Kind (vgl. Beck/Gernsheim 1990, 154f).
Dabei könnten feste Normen der Gesellschaft hilfreich
sein. Aber selbst in Familie und Schule sind sichere Regeln
und Strukturierungen verändert und durch psychologische
Formen des Umgangs ersetzt worden. Die Kindheit ist durch
früher einsetzende Reifung verkürzt worden, das Jugendalter
durch lange Beschulung (und hier besonders durch Ausbildung ersetzende Fachschulen) verlängert worden. Junge
Erwachsene bleiben zunehmend im Haus der Eltern (Nesthо-
cker, Spätauszieher). Gerade männliche Jugendliche übernehmen die Führungsfunktion anstelle des ausgezogenen Vaters
und setzen die allein erziehende Mutter unter Druck.

Mit den Schwellensituationen, in die Kinder eintreten,
laufen auch gleichzeitig wichtige individuelle und gesellschaftliche Veränderungen auf der Elternebene: Kinder
bedeuten für die Eltern auch den endgültigen Abschied von
der eigenen Kindheit. Mit der Geburt des eigenen Kindes
treten sie in eine neue Generation ein. Die Fülle der neuen
Verantwortungen erzeugt Unsicherheit und Selbstzweifel.
Wenn die Kinder geboren werden, betreten die Eltern die
Schwelle von der individuellen Persönlichkeitsentwicklung
zur Phase der Generativität. Die bis dahin im Vordergrund
stehende Partnerschaft, und damit die Dualbeziehung, wird
zugunsten einer Dreierbeziehung aufgegeben. Nun müssen
sich die Partner mit dem Dritten (Sohn oder Tochter) be-
schäftigen und trotzdem ihre Intimität als Paar bewahren.
Zudem kommen Organisationsaufgaben auf sie zu, die sie
bis dahin nicht berücksichtigen mussten. Die Bedürfnisse
des Kindes lassen keinen Aufschub zu. Das Zusammenleben
wird vom Rhythmus des Kindes bestimmt. Zugunsten der
Versorgung des Kindes muss ein Partner auf seine berufliche Weiterentwicklung verzichten oder sie aufschieben.
Alternativ müssen beide sich für die berufliche Tätigkeit
und für die Versorgung des Kindes einer Aufgabenteilung

unterziehen. Dazu gehören viele Absprachen und ein gutes Zeitmanagement.

Das Kind führt häufig auch zu Veränderungen in der Wahl der Freunde und Bekannten. Familien mit einer ähnlichen Konstellation werden nun zu bevorzugten Kommunikationspartnern. Mit ihnen sind Absprachen über die Versorgung des Kindes oder gemeinsame Unternehmungen möglich. Die Herkunftsfamilie, die der junge Mensch u.U. schon hinter sich gelassen hatte, wird wieder wichtig, denn sie kann im Notfall einspringen und bei der Versorgung des Kindes helfen.

Ein zweites Kind (und weitere Kinder) kann zu weiteren Umstellungen zwingen: Noch einmal ist die Berufstätigkeit der Eltern zur Disposition gestellt. Die Planung einer sicheren Wohnung oder eines Hauses mit passender Größe kommt in Betracht. Damit sind die Eltern auch gezwungen, sich auf Dauer festzulegen – in ihrer Partnerschaft und mit der Lebensplanung. Wer beispielsweise ein Haus baut, ist nicht mehr flexibel bei der Gestaltung seines beruflichen Lebens. Eine Trennung ist nicht mehr so leicht oder nur unter erheblichen Verlusten möglich.

Wenn die Kinder in die Schule kommen, sind die Eltern auf dem Höhepunkt von Karriere und beruflichen Konflikten oder zweifeln an dem Hausfrauendasein und der Arbeitslosigkeit.

Wenn die Kinder in die Pubertät kommen, sind die Mütter in den mittleren Jahren mit Sinnkrise und Menopause, Nebenbeziehungen und zweiter Ehe.

Auch die ökonomischen Veränderungen unserer Gesellschaft in den letzten zwei Jahrzehnten (Auseinandergehen der Schere zwischen Arm und Reich, Schwächung des Sozialstaats) haben Auswirkungen auf die Einstellung der Eltern. Einerseits wächst die Angst der Eltern vor der Armut und der Chancenlosigkeit ihrer Kinder, andererseits nimmt der Druck auf Leistung und möglichst hohe Schulbildung zu.

Die Elternrolle wird durch Forderungen von Erziehern und Pädagogen nach mehr Grenzsetzung und Autorität der Eltern bestimmt. Aber die Eltern fühlen sich darin nicht unterstützt, sondern erleben eine gewisse Unbestimmtheit in Hinsicht auf erzieherische Maßstäbe. Zugleich sind sie unter Druck durch einen latenten Wettbewerb mit anderen Eltern und durch Versuche der Abgrenzung gegenüber Milieus am unteren Rand der Gesellschaft, von denen sie sich abheben möchten.

Auch wenn Eltern den verschiedenen, von der Gesellschaft an sie herangetragenen Anforderungen kaum genügen können, so hat der Wettbewerb längst Einzug in die Familien gehalten. Eltern gehobener Milieus haben die Herausforderungen angenommen und versuchen ihre Kinder zu fördern und ihnen optimale Startchancen für ihr Leben zu geben. Von diesen engagierten Eltern setzt sich etwas über ein Fünftel der Eltern ab, die aus bildungsfernen Milieus am unteren Rand der Gesellschaft stammen. Sie erleben einen existentiellen finanziellen Druck aufgrund ihrer ungesicherten Arbeitsplätze und ihrer Arbeitslosigkeit, doch müssen sie sich auch mit ihren bildungsmüden Kindern auseinandersetzen, die ihrerseits kaum auf kulturelle Ressourcen und Motivationskompetenz ihrer Eltern zurückgreifen können. Schulprobleme, intensiver Medienkonsum und hohe Konsumausgaben münden in diesen Milieus oftmals in Erziehungsprobleme und Überforderung der Eltern. Während die Eltern aus gehobenen Milieus in Aushandlungsprozessen ein Gesprächspartner und engagierter Lebensbegleiter ihrer Kinder sein möchten, haben Eltern der modernen Unterschicht keine klaren Erziehungsziele und überlassen die Kinder schon in relativ jungen Jahren sich selbst. Was Eltern brauchen, ist eine größere gesellschaftliche Wertschätzung, indem ihre Bedürfnisse stärker als bisher berücksichtigt werden. Angesichts einer Überfrachtung der Elternrolle mit zunehmenden Ansprüchen und Erwartungen ist auch zu bedenken: Wer das Kindeswohl fördern will, kann dies nur tun, wenn er die Situation der Eltern verbessert. Eine gesellschaftliche Debatte über die Leistungsträger der Gesellschaft, über Mütter und Väter, ist längst überfällig. (Christine Huthmacher 2008, 23f)

In der so eingeleiteten sozialwissenschaftliche Untersuchung von Sinus Sociovision im Auftrag der Konrad-Adenauer-Stiftung e.V. (Henry-Hutmacher/Borchard, »Eltern unter Druck«, 2008) werden Eltern in verschiedenen »Sinus-Milieus« befragt. Die Milieus (hier nach Stärke geordnet):

Bürgerliche Mitte 18,8%, das sind die zumeist verheirateten, vorwiegend 30 bis 50jährigen Befragten mit qualifizierten mittleren Bildungsabschlüssen, die nach langfristiger Sicherheit, Beständigkeit und familiärem Rückhalt streben (140ff).

Etablierte 14,6%, das sind die ebenfalls meist verheirateten

35–64jährigen mit überdurchschnittlich hohem Bildungsniveau, die ein ausgeprägtes Statusdenken, Interesse an repräsentativem Leben und Teilnahme am gesellschaftlichen und kulturellen Leben haben (76ff).

Moderne Performer 12,4 %, das sind die Jüngeren mit einem Altersschwerpunkt unter 30 Jahren und hohem Bildungsniveau, viele Studenten, überwiegend ledig, die sich als Trendsetter und junge Elite verstehen und mit einem ausgeprägten Vertrauen bezüglich der eigenen Leistungsfähigkeit das Leben als individuell wählbaren und gestaltbaren Parcours sehen (121ff).

Postmaterielle 12,5 %, das sind die zumeist 30–50jährigen mit Familie und hoher bis höchster Formalbildung mit gehobenem Einkommensniveau. Sie stellen die intellektuelle und kulturelle Avantgarde der Gesellschaft dar, wollen Verantwortung übernehmen und streben nach einer Balance zwischen Körper, Geist und Seele (Fitness, Gesundheit, Wohlbefinden statt sich über Status, Besitz und Konsum zu definieren (94ff).

Konsum-Materialisten 11,6 %, das sind die 30–60jährigen mit Haupt-/Volksschulabschluss, deren überdurchschnittlicher Anteil geschieden ist oder in einem Single-Haushalt lebt und die einen spontanen, prestigeorientierten Konsumstil, ausgerichtet nach Modetrends und ein hohes Bedürfnis nach Ablenkung und Unterhaltung bei eng begrenzten finanziellen Ressourcen zeigen (161ff).

Hedonisten 10,2 %, das ist die Altersgruppe bis 50, zumeist unter 30, viele Schüler und Auszubildende unterschiedlichen Niveaus, viele Ledige, Singles und Alleinerziehende. Sie haben Freude am guten Leben (Luxus und Komfort) und eine starke Freiheits- und Freizeitorientierung (Spaß an Tabuverletzung und Provokation), streben nach Selbstverwirklichung und Ausbrechen aus dem Alltag (102ff).

Experimentalisten 8,5 %, das sind die zumeist unter 30jährigen, oft noch ledig, mit gehobenen Bildungsabschlüssen. Sie zeigen eine ichbezogene Lebensstrategie, haben ein starkes Bedürfnis nach Kommunikation und möchten das Leben in allen Facetten genießen (182ff).

Weitere in der Studie geschilderte Milieus: DDR-Nostalgische 4,2 %, Traditionsverwurzelte 3,9 %, Konservative 3,3 %.

Diese soziologische Einteilung der Befragten lässt keine eindeutige Zuordnung zu einer sozialen (Ober-, Mittel-, Unter-) Schicht zu, wie sie sonst bei Umfragen angenommen wird, sondern spiegelt eher Trends, Meinungen, Einstellungen von Eltern. Die Basisbefunde der Studie machen die gesellschaftlichen Bedingungen von Elternschaft in der heutigen Zeit deutlicher.

– Elternschaft ist (nur noch) eine Option. Sie ist nicht mehr selbstverständlich, sie ist vom Willen der möglichen Eltern gesteuert, wird abgewogen gegen die Schwierigkeiten bei Lebensgestaltung, Selbstverwirklichung und Karriere, die Elternschaft mit sich bringt und wird als Gestaltungsaufgabe mit hohen Erwartungen angenommen.

– Elternschaft ist komplex. Sie lässt sich nicht auf einen Aspekt reduzieren und regulieren. Finanzielle Bedingungen, die Lage auf dem Arbeitsmarkt, die Erziehung und ihre Probleme, die Situation von Kindertagesstätten und Schulen – all das sind beeinflussende Faktoren, mit denen Eltern konfrontiert werden und deren Einflüsse berücksichtigt werden müssen.

– Eltern sind unter Druck. Sie haben Zeitprobleme, müssen viel Organisationstalent entwickeln, müssen zusätzlich im Beruf erfolgreich bleiben, müssen auf den Erfolg der Kinder in der Schule achten und stehen unter Beobachtung der Gesellschaft, was ihre Erziehung betrifft. Viele sind verunsichert, ein Drittel fühlt sich im Erziehungsalltag oft bis fast täglich gestresst, die Hälfte immerhin gelegentlich.

– Eltern haben keine einheitlichen, universell definierten und verbindlichen Leitbilder für die Erziehung mehr. (vgl. Tanja Merkle und Carsten Wippermann in: Huthmacher et al. 2008, 31–37)

Das Leitbild der guten Mutter oder des guten Vaters ist bei der Befragung der Milieus ebenso differenziert und interpretierbar – wie die Erziehungsideale.

Exkurs: Die »gute Mutter«

Das Normbild einer »guten Mutter« macht Druck. Je nach Milieu gehen Eltern mit diesem Druck unterschiedlich um und haben unterschiedliche Normbilder einer »guten Mutter«.

- Die Etablierten sehen sich als Erziehungs-Managerinnen und kümmern sich um das Kind mit liebevollem und professionellem (Weit-)Blick: Startchancen wahrnehmen, Kind für Wettbewerb fit machen, Delegieren, Entlastung suchen, Freiräume einrichten, nicht klagen.
- Die Postmateriellen sehen sich als Lebensabschnittbegleiter ihres Kindes v.a. in den ersten Etappen und Lebensabschnitten, wollen, dass ihr Kind einen Platz in der Gesellschaft findet und ganzheitlich glücklich ist, sowie eine besondere Persönlichkeit entwickelt.
- Moderne Performer wollen Profi-Mamas sein und das Muttersein professionell organisieren. Wie im Job agieren sie mit klarer Zielorientierung, hohem Anspruch und großem Engagement. Erziehung ist für sie ein (weiteres) Projekt im Leben.
- Bürgerliche sehen sich als Full-Service-Kraft und Universal-Coach. Sie organisieren in ihrer Mutter-Rolle die Vernetzung ihres Kindes im Freundeskreis und die Aktivitäten in Sport, Musik, Malen, Fremdsprachen, Frühförderung, Lerngruppen und Nachhilfeunterricht und investieren alle Kraft in das Kind, wobei sie häufig gleichzeitig erwerbstätig sind. Sie wirken als allzuständige Beschützerinnen und Förderinnen und fühlen sich häufig erschöpft.
- Konsum-Materialisten sehen sich als Versorgungs- und Kuschel-Muttis, übernehmen praktische Organisation und konkrete Erziehung, streben aber auch Selbstverwirklichung durch Unabhängigkeit von auferlegten Pflichten und durch Einkauf und Medienkonsum an. Ihre Liebe zum Kind drücken sie mit materiellen Geschenken (TV, DVD, Playstation, Süßigkeiten, Besuche bei McDonalds) und durch spontane Kuschelattacken aus. Sie entziehen

sich aber zeitweise dem situativen Zugriff ihrer Kinder und erleben das als ihr Recht auf Ruhe, Pause und eigene Bedürfnisse, was von außen als Ausdruck von Überforderung und Flucht gesehen werden mag.

– Hedonistische Mütter verstehen unter »guter Mutter« eher die gute Freundin, die viel Verständnis für ihre Kinder hat und anders ist als die Mütter aus dem (spieß-)bürgerlichen Mainstream. Sie wollen dem Kind keine Fesseln anlegen, es nicht einengen, wirken eher inkonsequent in der Erziehung und zeigen so auch das Bestreben, mit dem Verlust ihrer verloren gegangenen Freiheiten fertig zu werden und trotz Kindern ein lustvolles Leben »on the road« zu führen.

– Experimentalisten sehen mit Optimismus auf den neuen Lebensabschnitt, den sie als Herausforderung betrachten. Das Leben mit dem Kind ist für sie eine neue Entdeckungs- und Selbsterfahrungsreise. Sie vertrauen ihrer unvergrübelten Intuition (vgl. Tanja Merkle/Carsten Wippermann in: Huthmacher et al. 2008, 37–44).

Die »gute Mutter« ist als Normbild in der heutigen Gesellschaft weiterhin ein hoher und Druck erzeugender Wert. Er wird als gesellschaftliche Norm übernommen, aber je nach Milieu ganz unterschiedlich interpretiert und gelebt, wie man sieht. Während hier ideale Werte weiter transportiert werden, aber sich auch insgeheim verändern, ist in der psychologischen Fachliteratur die eher nüchterne Norm einer »good-enough-mother« – also einer Mutter, die sich in angemessener, ihr möglicher Art um ihre Kinder bemüht und damit Zuneigung vermittelt, aber Frustration nicht erspart – als ein für Elternschaft wichtiger Wert beschrieben (Winnicott 1973, 20).

Exkurs: Der »gute Vater«

Das Bild eines guten Vaters hat sich seit der Nachkriegszeit weiterentwickelt und ausdifferenziert. In der Studie wird es noch einmal mit der Perspektive auf verschiedene Milieus beschrieben.

– Der Etablierte Vater sieht sich als Familienvorstand und überlegter Weichensteller. Der gute Vater vereint in seiner Sicht Verständnis und (sanfte) Strenge, um dem Kind zu einer starker Persönlichkeit zu verhelfen. Während die Partnerin als Erziehungsmanagerin den Alltag regelt, hat er als Autorität bei wichtigen Entscheidungen das letzte Wort. Als Team agieren die Eltern aber auf Augenhöhe.

– Der Postmaterielle Vater ist der partizipierende, gleichermaßen wie seine Partnerin zuständige und gleichgestellte Erzieher seiner Kinder. Seine Rolle sieht er als gleichermaßen strenger und verständnisvoller, harter und weicher Vater mit weiblichen und männlichen Attributen an. Für ihn ist die Zeit klassischer Rollenteilung vorbei: beide Eltern sollen beruflich und privat eine Balance leben.

– Der moderne Performer, der in seinem Beruf als Manager oder Unternehmer Projekte initiiert, sieht auch das Kind als Projekt mit besonderer Bedeutung, das er mit Engagement angeht. Allerdings sollen die beruflichen Ambitionen dadurch nicht beeinträchtigt werden und so wird die Vaterschaft zu einer anspruchsvollen Organisationsaufgabe: das Kind wird per Telefon von der Dienstreise aus regelmäßig kontaktiert. Dafür ist das Wochenende eine Möglichkeit für direkte Beziehung in Form von gut geplanten Events und Freizeitaktivitäten.

– Der Vater in der Bürgerlichen Mitte ist Haupternährer und Feierabend-Papa. Die Frau übernimmt die Organisation der Familie im Alltag, der Vater ist der am Wochenende tätige Spielvater (begleitet den Sohn zum Fußball, bzw. die Tochter zum Reiten etc.). Er ist kein Patriarch, eher weich und verständnisvoll. Durch die gesellschaftliche Normvorgabe eines »neuen Vaters«, kommt er unter Druck, trotz erhöhter Leistungsansprüche im Job noch mehr Zeit für die Kinder zu haben und fühlt sich in einem unguten Spagat.

– Der Vater im Milieu der Konsum-Materialisten sieht sich in einer traditionellen Rolle als Geldverdiener und Chef und gestaltet ein hierarchisches Paarverhältnis. Er »haut gelegentlich auf den Tisch«, um seine Autorität zu demonstrieren, erwartet Leistung von den Kindern, delegiert aber wichtige Aufgaben der Erziehung an die Mutter oder an Kindergarten, Schule oder Ärzte, die er auch wegen ihres Versagens kritisiert.

– Der Vater der Hedonisten stellt sich dem Kind als großer Bruder vor, der mitspielt, selbst ein wenig wieder zum Kind wird und es genießt mit dem Kind ungehemmt Spaß zu haben, aber seine eigenen Wege zu gehen, wenn es ihm selbst zu viel wird.

– Die Experimentalisten sehen als Väter die Gelegenheit zur Entdeckung fremder Welten. Optimistisch geben sie der unkonventionellen und noch nicht durchgeformten Gedankenwelt des Kindes Freiraum, sind an seinen Fragen und Perspektiven interessiert, ermutigen es, ohne es zu betüddeln oder es zur Übernahme bestimmter Normen und Regeln zu zwingen (vgl. Tanja Merkle/Carsten Wippermann in: Huthmacher et al. 2008, 45–49).

»Guter Vater« zu sein ist heute anstrengender als je – wie der kurze Einblick in die genannte Studie zeigt –, weil die Ansprüche der Gesellschaft eine weitgehende Identifizierung mit dem Job oder Beruf erfordern und Männer eher als Frauen uneingeschränkt einsatzfähig sein sollen. Zwar gibt es zunehmend Männer, die sich eine Erziehungszeit nehmen und zeitweise aus dem Arbeitsverhältnis aussteigen, aber es fehlt immer noch an alltagstauglichen Rollenbildern für »moderne neue Männer«. Im Gespräch mit Frauen wird natürlich der Vater als eine gute »Vertretung« erwartet, als einer, der auch den Kinderkuchen für die Geburtstagsfeier in der Schule backt. In der psychologischen Fachliteratur dagegen wird der für die Entwicklung des Kindes wichtige Vater eher als triangulierender Dritter gesehen, der eine Alternative zur Mutter darstellt, weil er anders ist und gleichzeitig deutlich macht, dass er die Mutter schätzt (obwohl er manchmal anders denkt und handelt). Auf diese Weise ermöglicht er dem Kind einen

Perspektivenwechsel und eine Integration divergierender Einstellungen. Er trägt damit zur Reifung von Reflexion und Selbstreflexion bei, die bis dahin dem Kind nicht zur Verfügung stand (B. Heberle in: Dammasch/Metzger 2006, 37f).

Neben den Familien, in denen die Eltern zusammen bleiben, gibt es alternative Familienformen, die durch Veränderung der Lebensentwürfe eines oder beider Partner, durch Trennung und Scheidung zustande kommen. So leben etwa 13 % aller Kinder mit nur einem Elternteil (meistens der Mutter). Diese Alleinerziehenden müssen neue Formen von Erziehung und Organisation der Versorgung ihrer Kinder entwickeln und sie tun dies oft mit beeindruckendem Engagement und auch mit gutem Erfolg (vgl. U. Rauchfleisch 1997). Die Zahl der Trennungen von Eltern steigt unter dem geschilderten Druck mit entsprechenden Folgen für Kinder und Jugendliche.

2.2 Individuelle Formen von Elternschaft

2.2.1 Die Mutter, die ihr Kind nicht loslassen kann

Barbara* hat seit der Geburt ihrer Tochter mit Verlustgefühlen zu tun. Sie waren schon nach der Geburt des Kindes Auslöser einer Depression, die auch zu psychotischen Episoden geführt hat. In diesen Erlebnissen eines Graubereichs zwischen Realität und Phantasie hatte die Mutter erschreckende Träume, in denen sie von sich aus das Kind wegstieß, vor dessen Verlust sie sich doch ängstigte. Vor allem in den Phasen der Verselbständigung, also in der sogenannten Trotzphase, als ihr Kind sich von ihr absetzte und das Gegenteil von dem wollte, was die Mutter vorgab, brauchte die Mutter dringend die Unterstützung ihres Mannes, der vermittelte und sie beruhigte. Er war allerdings in dieser Zeit selten zu Hause. Die Mutter stellt ihr Kind in einer Beratungsstelle vor, als dieses 12 Jahre ist. Celine* wirkt älter und reifer, übernimmt Verantwortung für sich und *verfügt über eine gute Intelligenz. Die Mutter reagiert auf die Untersuchungsergebnisse, die ein gutes Selbstbewusstsein und eine der Präpubertät angemessene Neigung zur Autonomie zeigen, mit Unglauben. Sie nahm an, dass eine Störung des Kindes auf Grund der ungünstigen Beeinflussung durch die Depression der Mutter vorliege. Sie war also eher bereit, Verantwortung für eine Störung zu übernehmen, als erleichtert zu hören, dass ihre Tochter dank ihrer positiven Bemühungen und guter Ressourcen gesund sei.*

In der Beratung wird daran gearbeitet, dass die Mutter Celine als eigenständiges Wesen akzeptieren lernt. Das fällt ihr schwer. Sie liebt sie sehr und kann sich nicht vorstellen, dass Celine sich von ihr ablösen könnte und sich sogar von ihr distanziert. Immer wieder muss der Vater vermitteln, wenn sie Celine zu sehr an sich bindet, ihr den Ausgang verbietet, sie aus Angst nicht auf die Klassenfahrt mitfahren lassen möchte. Es legt sich fast der Eindruck nahe, dass sie das Kind in eine symbiotische Gemeinschaft verstricken möchte. Als Berater betone ich vor allem ihre Leistungen, die ich auch dafür verantwortlich mache, dass Celine trotz der häufigen Verstimmtheit und der vielen Klinikaufenthalte der Mutter ein normales und selbstbewusstes Mädchen werden konnte. Die Offenheit der Mutter wird größer, je mehr ihr Vertrauen zu mir wächst. Sie gesteht ihre inneren Kämpfe, die alle aus der Angst geboren sind, dass ihr Kind sie allein lassen könnte. Ich mache ihr Mut, auf den Mann zuzugehen, der sich auf Grund ihrer Krankheit aus der Partnerschaft herausgezogen hat und sie für ihre erzieherische Enge kritisiert. Auch wenn er sich manchmal wie ihr Gegner anfühlt, ist er doch eine wichtige Korrektur für die selbstbezogenen Wünsche der verzweifelten Mutter. Um sie zu erleichtern, stimme ich auch einer Wiedervorstellung des Mädchens zu. Ich will dem Kontrollbedürfnis der Mutter entgegenkommen und sie dann beruhigen können. Das fühlt sich manchmal an, wie das Ringen um die Freiheit von Celine. Ziel der Beratung ist die Bereitschaft der Mutter, Celine als Gegenüber zu akzeptieren und ihr in beruhigender Weise deutlich zu machen, dass das nicht den endgültigen Verlust der Tochter bedeutet, sondern eine Veränderung in ihrer Beziehung, die sie als Mutter auch bereichern kann, zumal Celine sich ihrer nicht schämt, wie sie befürchtet, sondern sie lieb hat und auch in der Öffentlichkeit zu ihr steht. Schuld, Verantwortung und Freiheit werden in den Gesprächen Thema. Die seelische Krankheit der Mutter wird durch eine den Selbstwert stützende und die Struktur der Persönlichkeit verbessernde Zuwendung in Form des »Prinzips Antwort« (s.u., Heigl-Evers et al. 1994) berücksichtigt.

2.2.2 Die Eltern, die Angst vor der Computersucht des Sohnes haben

Die Mutter des 18jährigen Thomas* kommt in die Beratung, weil sie ihren Sohn für computersüchtig hält. Er spielt regelmäßig und stundenlang am PC und vernachlässigt seine Schulaufgaben. Besonders aufmerksam reagiert sie auf die Entdeckung, dass Thomas World of Warcroft spielt. Sie hat darüber in der Zeitung gelesen, sich dann im Internet kundig gemacht und mit Eltern von jugendlichen Nutzern dieses Strategiespiels Kontakt aufgenommen. Dabei hat sie von erschütternden Entwicklungen gehört, die nur als eine seelische Abhängigkeit der Jugendlichen und als ein völliges Aufgehen in der virtuellen Welt des Spiels verstanden werden konnten. Von dieser Zeit an hat sie für ihren Sohn gekämpft. Das hat sie aber dahin gebracht, dass sie gegen ihren Sohn kämpfen muss. Dieser kämpft für seine Computerspiele, für die Gemeinschaft von Spielern im Hintergrund dieser Spiele, denen er sich verbunden fühlt und für seine Autonomie als immerhin erwachsener junger Mann. Sie wirkt verzweifelt, aber auch unempathisch bei ihrer Schilderung der häuslichen Zustände. Gemeinsam mit ihrem Mann, der noch rigoroser und konsequenter gegenüber Thomas sein will als sie, sperrt sie den Internetzugang, stellt den Computer sicher, versucht eine Hausordnung mit bestimmten Nutzungszeiten mit ihrem Sohn zu vereinbaren. Aber dieser begehrt auf und verlässt schließlich sogar kurzzeitig das Haus. Wenn er nicht im Haus ist, weiß die Mutter nicht, was er tut. Er kann schließlich auch bei Freunden spielen. Über dem sorgenvollen Interesse an der Gefährdungs-

situation des Heranwachsenden verliert sie immer mehr den Bezug zu ihm als einem sie eigentlich liebenden Kind.

In der Beratung wird dieses Dilemma aufgezeigt. Wir sprechen über die entwicklungsgemäßen Züge der Auseinandersetzung mit dem Sohn und auch über sein Recht auf eigene Lebensplanung. Andererseits informiere ich die Mutter über die Probleme von Computerspiel im Jugendalter und über die Labilität von jungen Menschen, die sich von dem Medium vereinnahmen lassen und in ihm leben wie in einer realen Welt. Die Unterschiede zur Generation der Eltern werden aufgezeigt: Sie sind nicht im Computerzeitalter aufgewachsen, sondern haben eine sichere Sozialisation in der Realwelt erhalten und eine gewisse Abständigkeit gegenüber dieser modernen Technik, die sich auch in Ängstlichkeit vor ihren Gefahren widerspiegelt. Diese Ängstlichkeit kann sie auch dahin bringen, dass sie mit ihren eigentlich angemessenen Bedenken an dem jungen Menschen vorbeireden und -handeln. Die Mutter gewinnt so ein gewisses Verständnis für die Dramatik der Situation und für grundlegende Missverständnisse. Sie wird gelassener, beginnt sich für die Computerinteressen inhaltlich zu interessieren, wirbt um Verständnis für ihre Abneigung gegenüber einer zeitlich unmäßigen Benutzung des Computers und unterscheidet gegenüber dem Sohn zwischen dieser kritischen Haltung einerseits und ihrer grundsätzlichen Liebe, die ja auch eine Grundlage für berechtigte Sorge darstellt. Der Sohn ist dann bereit, eine analytische Kinder- und Jugendlichenpsychotherapie zu machen, die ihm Stabilität verleiht. Für die Zeit nach dem Schulabschluss wird die Verselbständigung des Sohnes mit Hilfe einer eigenen Wohnung in Aussicht genommen.

Auch diese Mutter hat es schwer, ihren Sohn loszulassen und doch habe ich als Berater Verständnis für ihre großen Sorgen, die sie dazu führen, ihn zu kontrollieren und Zwangsmaßnahmen gegen ihn zu ersinnen. Denn tatsächlich können Jugendliche durch die Verwicklung in Internet-basierte Kontakte so absorbiert werden, dass sie für das wirkliche Leben keine Zeit mehr haben und selbst ihre Zukunft gefährden, indem sie nicht mehr regelmäßig zur Arbeit gehen oder die Schulaufgaben vernachlässigen. Die Persönlichkeitsfindung von Jugendlichen geht zeitweise Wege, die für Eltern alarmierend sind (Haar 2010). Die Beratung soll eine Vermittlung der riskanten Aktionen und Experimente auf dem Weg zur Identität mit den Bedenken und Ängsten der besorgten Eltern darstellen. Dabei ist zu bedenken, dass diese in den Heranwachsenden immer noch und weiter ihre »Kinder« sehen und von daher zu wenig Abstand halten und zu viel Kontrolle und Macht ausüben. Die Beraterin oder der Berater können mit einer einfühlsamen Haltung auch korrigierende emotionale Erfahrungen für die Eltern ermöglichen. Eine Psychotherapie des Jugendlichen kann hilfreich sein, um die Identitätsprobleme zu bearbeiten, die der Jugendliche mit Hilfe des faszinierenden, ihn in eine feste Rolle hineinnehmenden, zu einer Solidarität mit anderen veranlassenden und zum Pflichtgefühl gegenüber dem Team der Spieler bringenden Spiels zu bewältigen versucht. Der Irrtum des Spielers besteht darin, dass er das virtuelle Leben mit dem eigentlichen, realen Leben verwechselt. »Real Life« heißt ein Therapieprojekt im Diakonischen Werk Kassel, das die Jugendlichen in einer Gruppe sammelt, die ganz real die Freizeit plant und verbringt. Neben diesen Hilfen können die Eltern in der Beratung darin gestärkt werden, die Computersucht mit Absprachen und Verträgen über die Zeiten der Nutzung des PC und mit konsequenter Kontrolle in den Griff zu bekommen, u.U. mit Hilfe einer Kindersicherung gegen bestimmte Seiten im Internet (s. z.B. www.Saalfeld.de/software/kindersicherung). Hier kann man auch Zeitlimits für den PC-Gebrauch setzen, Programme einschränken und gefährliche Internet-Inhalte sperren. Dabei müssen sie darauf hingewiesen werden, dass letztlich nicht Konsequenz und Druck allein eine Wirkung haben, sondern die Bindung des Kindes an sie. Bei allen Erziehungsbemühungen muss also die Achtung, Wertschätzung und Liebe zum Kind durchscheinen und auch in Worte gefasst werden.

2.2.3 Die Eltern im Kampf mit ihren Eltern um den Sohn

Die Eltern von Niels* erleben mit Entsetzen, dass sich ihr 15jähriger Sohn immer mehr gegen sie wendet. Sie versuchen, ihn mit vernünftigen Grenzen zu erziehen. Er bekommt ein Taschengeld, braucht aber immer mehr für Luxusgegenstände wie MP3-Player und Computerspiele und lässt sich diese von den Großeltern finanzieren. Er kann die Grenzen der Eltern nicht annehmen, vermutet Geiz oder Lieblosigkeit dahinter, zumal es ja andere Bezugspersonen gibt, die ihm entgegenkommen, wenn er etwas braucht. Dass die Strenge der Eltern auch ein Zeichen für ihre Fürsorge und Liebe ist, begreift er nicht. Erst nachdem es zu einer heftigen Auseinandersetzung kommt, ist er bereit, an einer Beratung teilzunehmen. Hier geht es darum, zwischen Eltern und Kind zu vermitteln. Die Eltern sollen merken, dass ihr Junge nicht mehr nur zu lenkendes Kind ist, sondern ein Heranwachsender, mit dem sie verhandeln müssen und den sie in seinen Ansichten auch ernst nehmen müssen. Niels soll die Haltung der Eltern als eine verstehen, hinter der Verantwortungsgefühl und vorausschauende Sorge um die Zukunft steht. Dies gelingt nach wenigen Familienberatungssitzungen, weil sowohl die Eltern als auch Niels überzeugt sind, dass ich als Berater beide Seiten verstehen und vertreten kann.

Das Problem in dieser Beratung ist die Verführung des Jungen durch die Großeltern und sein Irrglaube, dass deren Weichheit und Gebefreudigkeit der Liebe entspringt, die seinen Eltern offenbar abgeht und andererseits die Empörung der Eltern über dieses Bündnis gegen sie, in dem sie Verrat durch die eigenen Eltern wie auch Verrat durch ihren Sohn anprangern. Es ist hier wichtig, sie mit den Besonderheiten eines pubertären Knaben vertraut zu machen, der seine Unsicherheit hinter cooler Fassade verbirgt und mit seinen Möglichkeiten des Gelderwerbs spielt und der sich im Rahmen der Loslösung von den Eltern nicht sicher ist, ob sie ihn so, als Revoltierenden und auf seine Interessen Schauenden, überhaupt noch mögen können. Das Jugendamt bietet eine Mediation

(Krähenbühl et al., 157f) an, bei der ich als Berater mit ein-
geladen bin. Da werden alle Beziehungspersonen von Niels
zusammengeführt und es wird mit einem Mediator und mit
einer strukturierten Konferenz (zu der auch die Aufgabe für
die Familie gehört, ohne Hilfe eigenständig eine Verabredung
über das weitere Verfahren zu treffen) versucht, eine Lösung
der Beziehungsprobleme zu schaffen. Da diese Konferenz
kein positives Ergebnis hat außer dem, dass Eltern und Sohn
bei mir eine Familienberatung wollen, verabrede ich mit den
dreien einen Termin. Ziel der Beratung ist die Vermittlung
der unterschiedlichen Einstellungen und Einschätzungen von
Eltern und Sohn, die Milderung der Empörung zugunsten
einer relativen Gelassenheit, die Verhandlung von Interessen
bis hin zur Regelung der Taschengeldzahlungen und anderer
Zahlungen, die auf ein Konto eingezahlt werden sollen und
die Verständigung mit den ihrerseits gekränkten Großeltern.
Dies wird in einigen Sitzungen erreicht. Verantwortliche Leitung und haltende Liebe werden in der Beratung zum Thema.

2.2.4 Die Eltern, denen die Tochter entgleitet

Hildegard und Fred haben eine Entfremdung als Paar hinter
sich und gehen auf eine Trennung zu. Sie schaffen es nicht sie zu
vollziehen, weil die 14jährige Laura* ihnen zu entgleiten droht.
Sie zieht sich immer häufiger auf ihr Zimmer zurück, möchte
nicht mehr in die Schule gehen, weil sie dort alle Mitschüler für
dumm und aufdringlich hält, kleidet sich in Schwarz und lebt
eigentlich nur für ihre Musik am Schlagzeug und für ihre Band.
Die alarmierten Eltern streben eine Beratung für sich und ihr
Kind an. Sie vermuten, dass auch ihre Trennungsgedanken mit
dem Rückzug zu tun haben. In der Beratung müssen sie erkennen, dass eher die unglückliche Liebe zu einem Mitschüler
dafür verantwortlich ist, die bei Laura zu einer generellen Ab-
lehnung von neuen Beziehungen und von Zuversicht in Bezug
auf eine persönliche glückliche Zukunft geführt hat. Die Eltern
ziehen schließlich auseinander, Laura bleibt bei der Mutter und
schließt sich den Gesprächen mit ihr auf. Ziel der Beratung der*

Eltern war hier das Ernstnehmen der konfliktreichen Persönlichkeitsentwicklung ihrer Tochter und ihrer großen Trauer um den verlorenen Freund.

Die Betroffenheit der Eltern von Laura über ihre eigene Krise in der Partnerschaftsbeziehung ist so groß, dass sie die Lebenswelt ihrer Tochter gar nicht mehr in den Blick nehmen können. Diese hat das Gefühl, nicht nur die Eltern als Paar zu verlieren, sondern auch ihre Aufmerksamkeit und Fürsorge. Auf fatale Weise bestätigt sich dies, als sie Liebeskummer hat und die Eltern es gar nicht für möglich halten, dass es ganz persönliche Trauer ist, die ihr Kind zum Rückzug bringt. Als Berater halte ich es zwar für möglich, dass das Eheproblem für Laura irritierend ist, zumal die Eltern ja auch eine räumliche Trennung planen, aber plädiere doch dafür, dem Mädchen mehr Aufmerksamkeit und Zuwendung zu geben, damit es die Elternfunktion noch spüren und sich gemeint wissen kann. Das Ziel der Beratung ist also eher, die Aufmerksamkeit der Eltern von ihrer Zukunftsplanung auf die Situation der Tochter zu lenken, für die sie ja auch als getrennte weiter Verantwortung haben. Laura ist noch nicht erwachsen. Sie braucht die Eltern, obwohl sie manchmal so tut, als sei sie schon erwachsen. Mit den Eltern wird das Kunststück geplant, für die Tochter da zu sein und gleichzeitig ihren Anspruch auf Erwachsenheit und Eigenständigkeit anzuerkennen.

2.2.5 Eltern, die allein erziehen

Richard* ist ein relativ alter Vater. Als seine Frau stirbt, bleibt er mit Maria*, seiner 12jährigen Tochter zurück. Diese hatte ein enges Verhältnis zur Mutter, in dem sie allerdings gerade zuletzt während der Krebserkrankung eine dominierende Rolle einnahm und der Mutter auf der Nase herumtanzte. Als der Vater dies nach dem Tod seiner Frau merkte, setzte er sich mit Maria auseinander, aber sie wich aus und zog zu ihrer Tante. Maria fühlte sich von dieser bestärkt und erlebte auch einen Triumph gegenüber dem strengen Vater, sehnte sich aber nach dem Zu-

hause bei ihm und nach den Haustieren. Deshalb strebte sie zurück. Die Beratung des Vaters hatte das Ziel, ihn in seiner Haltung zu bestärken, aber ihn auch zu einem werbenden Verhalten gegenüber Maria zu bringen. Diese hatte nach Verlust der liebevollen und weichen Mutter heftige Trauergefühle zu verarbeiten. Sie drückte diese auch in ihrer Auseinandersetzung mit dem ihr hart erscheinenden Vater aus. Die Wut auf ihn war eine Zeit lang besser zu ertragen als die Trauer. Erst später merkte sie, dass der Vater mit all seiner Klarheit und Härte auch eine Heimat bot und über die Beziehung zu den Haustieren näherte sie sich auch ihm wieder an. Der Vater suchte in der Beziehung zum Berater eine Unterstützung für seine Position, weil auch er den Verlust seiner Frau als Verunsicherung und Einschränkung seiner Zuversicht empfand. Er entschloss sich auf Grund der Beratung, auf seine berufliche Tätigkeit teilweise zu verzichten, um Zeit für Maria zu haben.

Der Verlust von Mutter bzw. Ehefrau ist sowohl für Richard als auch für Maria eine einschneidende Erfahrung, die ihre bisherige Beziehung und ihre Identitätssuche durcheinander wirbelt. Maria ist durch den Wechsel der verantwortlichen Bezugsperson ohne Orientierung und verspricht sich durch den Wechsel zur Tante Vorteile für die eigene Lebensführung. Richard muss erkennen, dass er sich bisher zu wenig mit der Tochter beschäftigt hat und sein Beruf im Vordergrund stand. Er muss auf Grund der abweisenden Haltung seiner Tochter und ihrer Flucht zur Tante vollständig anders weiter planen und braucht dafür einen Dritten, der ihm wieder Sicherheit und Unterstützung geben kann. Seine Situation stabilisiert sich zunehmend, nachdem Maria zurückgekehrt ist und er sich entschließen konnte, im Beruf kürzer zu treten. Hilfe von außen gibt es (außer der Beratung) nicht. Er ist allein erziehend und allein verantwortlich für Maria. Das hat er nun verstanden. Hier bedeutet die Beratung auch Begleitung in der Krise und Vergewisserung, dass es hilft, einen Gesprächspartner dazu zu holen.

2.2.6 Die Mutter hat Angst vor ihrem Sohn

Die Mutter des 15jährigen Jean ist eine kleine, zarte, durch-scheinend wirkende, blasse Frau. Sie hat sich vor vielen Jahren vom Vater Jeans getrennt und ist mit Jean zu einem anderen Mann gezogen, der sich aber wiederum von ihr getrennt hat. Danach hat sich ihr Sohn von ihr zurückgezogen. In der Schule und beim Sport ist er anerkannt und einsatzfreudig, aber nun etwas unberechenbar geworden. Er hat keine rechte Lust mehr, setzt sich lieber vor den PC und spielt. Wenn die Mutter ihm Vorwürfe macht, ist er zunehmend gekränkt und aggressiv und bedroht sie verbal, dann aber auch körperlich. Zwar wird die Mutter vom leiblichen Vater Jeans unterstützt, der mit dem Jungen gesprochen hat und der dafür gesorgt hat, dass der Sohn in einen Sportverein eintritt. Aber danach ist es zu Hause wieder so bedrohlich weitergegangen, dass die Mutter sich vor dem eigenen Sohn fürchtet. Gespräche genügen ihr nicht. Es muss etwas getan werden, so meint sie. Sie führt viele Gespräche mit Helfern und beschwert sich darüber, dass nichts geschieht. Mir scheint es, dass sie auch nicht Beratung, sondern Taten provozieren möchte. Nachdem sich der Vater aus einer Beratung zurück-zieht, weil der Sohn nicht erschienen ist, bricht auch die Mutter die Beratung ab und sagt, sie wolle sich jetzt selber helfen.

In dieser Beratung ist schon die Zielformulierung schwierig. Von Anfang an setzt die Mutter dem agierenden Jungen mit Vorhaltungen zu und will ihn zum Gehorsam zwingen, weil sie befürchtet, dass er ihr sonst entgleitet. Gerade das aber provoziert sie mit ihrem Verhalten, wenn sie ihm zusetzt und ihm nicht mehr zeigt, dass sie ihn im Grunde in Ordnung findet (wie das im Gespräch mit mir durchscheint), sondern dass sie ihm alles, sogar einen körperlichen Übergriff ihr ge-genüber zutraut. Sie verspielt so die Möglichkeiten, die sie als eine Mutter hat, der gegenüber der Jugendliche Verantwor-tungsgefühl und Zuneigung empfindet, weil sie eben seine Mutter ist und ihn immer wieder mit ihrer Liebe gebunden hat. Wenn sie nun ängstlich-aggressiv herrscht, dann entbindet sie ihn von seinen Verpflichtungen als geliebter Sohn und macht ihn zum Feind. Das Vertrauensverhältnis ist grundlegend gestört. Die Beratung kann nicht zum Ziel kommen. Eine Chance hätte nur bestanden, wenn der Vater zu ihr gestanden hätte, aber er entzieht sich, als er den Eindruck hat, er werde von ihr manipuliert. Auf diesen Rückzug reagiert sie mit Enttäuschungsaggression, die sich auch gleich gegen mich als Berater richtet, weil ich nicht genug unternommen habe. Wenn Eltern eines Heranwachsenden ganz auf die Machtschiene gehen und sich als Opfer ihres Kindes fühlen, ja gegen es kämpfen müssen, dann geben sie das Wichtigste aus der Hand, was sie haben. Kein Kind wird allein deshalb auf die Eltern hören, weil es negative Konsequenzen befürchtet. In der Regel werden Kinder und Jugendliche auf die Eltern hören, weil sie selbst noch im Konflikt deren Zuneigung spüren und sich erhalten wollen. Es wird hier deutlich, dass Beratung nicht das Leben der Familie in die Hand nehmen kann. Die Funktion von Beratung baut immer auf dem Willen und der Fähigkeit der Klienten zu Selbsthilfe auf. Das begrenzt auch die Ansprüche der Ratsuchenden an Beratung und Berater.

2.2.7 Eltern in einer Patchworkfamilie

Patrick (15 J.) wird immer ungenießbarer, seitdem er wieder Kontakt zur Mutter hat, die ihn und den Vater vor einigen Jahren verlassen hat, nachdem sie unzuverlässig war und den kleinen Jungen wegen Beziehungen zu verschiedenen Freunden vernachlässigt hatte. Der Vater, ein ruhiger, bemühter Mann, hatte sich von ihr getrennt. Später hatte er eine neue Partnerin gefunden, die mit ihrer 8jährigen Tochter bei ihm eingezogen ist. Er versteht sich mit ihr und der Stieftochter gut, aber nun macht ihm Patrick Probleme. Er hält sich nicht an seine Vorgaben und – besonders, wenn er von der Mutter zurückkommt, die er seit kurzem regelmäßig besucht – ist er ungenießbar, mault, macht seine Stiefmutter an und räumt sein Zimmer noch seltener auf, als ohnehin schon.

In der Beratung wird versucht, die Eltern der Patchworkfa-
milie mit der Situation des Jungen vertraut zu machen. Zum
einen ist er mitten in der Pubertät und auf Eigenständigkeit
und Ablösung aus. Zum anderen befindet er sich auf dem
Weg zu einer neuen Identität (vgl. Haar 2010) und muss –
wie auch Adoptiv- und Pflegekinder – die Mutter als eine
Wurzel seiner Persönlichkeit integrieren. Dazu muss er sich
auch mit ihr identifizieren können. Deshalb versucht er, ihr
und ihrem Lebensstil näher zu kommen und experimentell
mit Zügen von ihrer Persönlichkeit zu leben. Er kommt dadurch in Loyalitätsprobleme zum Vater, v.a. aber auch zur
Stiefmutter, die er schätzen gelernt hat, der gegenüber er sich
aber jetzt auch distanziert verhalten muss, um der leiblichen
Mutter die Treue zu halten. Das ist ein schwieriger Balance-
akt für ihn und in der Beratung schwöre ich die Eltern darauf
ein, nicht gegen ihn zu arbeiten, sondern um ihn zu werben
und ihm mit der Festigkeit in Bezug auf wichtige Regeln des
Zusammenlebens auch immer wieder Appetit auf dieses Zusammenleben zu machen, damit er sieht, dass er mit beiden
Eltern zurecht kommt. Wichtig ist dabei, dass der empörte
Vater nicht alle Schuld auf die Ex-Frau schiebt, sondern das
Problem des Sohnes im Blick behält, ja, dass er sogar versteht,
dass der Junge sich innerlich auch zur Mutter hält. Als Berater
muss ich hier besonders darauf achten, alle Beteiligten inner-
lich vertreten zu können, damit keine Spaltungen zwischen
Guten und Bösen passieren und keine Ausstoßung einer der
Beziehungspersonen.

2.2.8 Eltern, die sich trennen

*Die Eltern sind in eine Beratung gegangen, um die nicht mehr
zu verheimlichenden Probleme in der Beziehung zu bearbeiten.
Dirk (16) und Michael (12) haben schon länger gemerkt, dass
ihre Eltern sich nicht so gut verstehen. Der Vater ist mehr in
seiner Werkstatt als zu Hause und die Mutter wird zunehmend
bitterer und fühlt sich nicht mehr geachtet und geliebt. Sie bemüht sich, die Kinder mit ihrer Unzufriedenheit zu verschonen.*

Aber als herauskommt, dass der Vater eine Freundin hat, gerät sie in Panik und bringt Geld auf sichere Konten, weil sie dem Ehemann zutraut, dass er ihr alles nimmt und sich mit Macht auf die eigenen Füße stellt, ohne Rücksicht auf sie und die Kinder. Er reagiert mit Wut und Rache. Die Kinder sind verstört. Der Große unterstützt seine Mutter, zeigt sein Unverständnis gegenüber dem Vater. Der Kleine ist hin- und hergerissen, ist doch der Vater sein großes Vorbild. Die Mutter will den Kindern helfen, kann aber bittere Vorwürfe gegenüber dem als Verrat empfundenen Verhalten des Vaters nicht zurückhalten. So sind die Kinder in Loyalitätsbindungen verstrickt. Eine Familiensitzung kann erst nach Beruhigung der aktuellen Trennung stattfinden. Sie hat das Ziel, die Kinder aus dem Druck zu entlassen und ihnen eigenständige Beziehungen zu Vater und Mutter zu geben.

Die Beispiele zeigen die Probleme vieler Trennungskinder auf: Sie bleiben die nachhaltigsten Fans der Ehe der Eltern, selbst wenn sie versichern, dass sie verstanden haben, dass es kein Zurück gibt. Sie überschätzen sich als Ersatzpartner der Mutter und als Rächer gegenüber der Freundin des Vaters, die sie für die Trennung verantwortlich machen. Sie schaden sich selbst bei dem Versuch die Eltern von ihrem Streit abzulenken, zeigen Schulprobleme in Form von Konzentrationsproblemen und Reizbarkeit als Notsignale. Sie versuchen sich als Vermittler, verschweigen das, was Ärger machen könnte, halten sich mit ihren eigenen Bedürfnissen zurück. Sie sehen sich als Richter und Rächer, bedrohen den scheinbar für die Trennung Verantwortlichen mit Liebesentzug, scheuen nicht vor spektakulären Aktionen zurück (Auto des untreuen Vaters beschmieren). Sie sind die Leidtragenden bei den Folgen der Trennung (Umzüge, Verlust der Freunde, Umschulung, Aufwand beim Besuch des entfernt wohnenden Elternteils, meist des Vaters, Verringerung der Kontaktmöglichkeiten). Sie fühlen sich als Verantwortliche für den Entschluss zur Trennung und haben deshalb Schuldgefühle: Hätte ich die Trennung verhindern können, was habe ich falsch gemacht?

In der Trennungszeit und d.h. auch schon vor der eigentlichen Trennung der Eltern, fällt die Triangulierungsmöglichkeit aus, eine wesentliche Potenz der Familie, in der die Eltern sich dem Kind gegenseitig erklären und ihm das Gefühl vermitteln, dass nicht einer Recht hat, sondern dass beide mit ihrer Unterschiedlichkeit zusammengehören. Diese Vermittlungsfähigkeit muss im Übergang von der/dem BeraterIn übernommen werden, da die Eltern bei der Trennung in der Regel nicht dazu in der Lage sind. Das Kind braucht das Gefühl, dass einer die Beteiligten verstehen und die verwirrenden Beziehungsentwicklungen wohlwollend betrachten kann und dass sie dabei in Verwirrung und Ambivalenz gesehen werden.

Beratung von Scheidungskindern und ihren Eltern sollte die affektive Beeinflussung durch die Verlustgefühle bedenken und dabei die weit über das Trennungsjahr hinaus bestehenden Loyalitätsbindungen berücksichtigen. Die Loyalitätsbindung ist so eine heroische und das Kind dauerhaft überfordernde Leistung, hat aber auch das Ziel, das Selbst zu erhalten und zu stützen. Für die Beratung ist es wichtig, den Eltern und dem Kind deutlich zu machen, dass die Trennung zunächst einmal die Sache der Eltern ist, das heißt, das Schicksal einer Erwachsenenliebe, die zu Ende gehen kann, die aber nichts mit der Liebe zum Kind zu tun haben muss und sie auch nicht zwangsläufig beeinflusst. Vater und Mutter können trotz Trennung ihr Kind lieb haben. Was die beiden miteinander machen, findet auf einer anderen Ebene statt (Aufrechterhaltung der Generationsgrenzen). Das Kind muss durch die Eltern entlastet werden von der Vorstellung, es habe etwas mit der Trennung zu tun, habe sie gar herbeigeführt oder hätte sie positiv oder negativ beeinflussen können (Infragestellung der kindlichen Omnipotenzvorstellungen). Das Kind muss Hilfen für das Verstehen der Erwachsenenwelt bekommen, ohne hineingezogen und überfordert zu werden. Es muss auf diese Weise sich selbst und die eigenen Gefühle verstehen lernen (s.u. Affektspiegelung und mentalisierte Affektivität). (Zur Trennungs- und Scheidungsbera-

tung s. das Buch von Maria Dietzfelbinger über Trennungsberatung.)

Exkurs: Trennung – Erschütterung von Selbst und Welt

*Der 24jährige junge Mann kam in die Beratungsstelle, weil
er nicht in der Lage war, unter erhöhtem Anforderungsdruck
schriftliche Arbeiten zeitgerecht abzuliefern. Er fühlte sich von
der Aufgabe überfordert und geriet in eine Art von Erstarrung,
arbeitete nicht mehr an seinem Manuskript, sondern beschäf-
tigte sich mit Computerspielen und ließ niemanden mehr in
seine Wohnung. Die Gefühlszustände erschienen wie eine de-
pressive Reaktion. Gefragt, ob er solche Gefühle schon früher
einmal in seinem Leben gehabt habe, erzählte er, dass sich
seine Eltern getrennt hatten, als er sechs Jahre alt war und in
die Schule gekommen war. Er wurde zu seinem Vater gegeben,
während die Geschwister zur Mutter kamen. Die Trennung
von den Geschwistern erlebte er als schwerwiegender als die
von seiner Mutter. Er reagierte mit Rückzug und stundenlan-
gem starrem Herumsitzen und Leistungsverweigerung, bis der
besorgte Vater zustimmte, dass er zu seiner Mutter zog. In der
Erinnerung des nun erwachsenen Mannes war der Rückzug,
gekoppelt mit Leistungsverweigerung und Erstarrung, also das
Agieren einer depressiven Reaktion nicht nur Ausdruck seiner
seelischen Situation, sondern auch ein Mittel zur Lösung seines
interpersonellen Konfliktes.*

*Die zwanzigjährige Melanie äußert suizidale Absichten und
ritzt sich. Sie ist aber auch seit dem sechsten Lebensjahr unzufrieden und ruhelos. Damals haben sich Vater und Mutter
getrennt. Sie verlor plötzlich ihren Status als von den Eltern und
den Großeltern geliebtes und verwöhntes Mädchen und musste
sich mit der Mutter in einer kargen und nicht mehr von anderen Erwachsenen freundlich begleiteten Welt zurechtfinden.
Durch eine weitgehende Verarmung der Mutter hatte sie auch
viele Annehmlichkeiten des Lebens verloren.*

Die Trennung der Eltern hatte eine weitgehende Trennung vom Vater zur Folge. Aber auch die übrige Welt wurde erschüttert, weil nun die täglichen Besuche bei den Großeltern ausblieben, die dem Kind ein Gefühl von Geborgenheit und Bindung vermittelt hatten.

Das Beispiel zeigt die Folgen der Trennung als eine Erschütterung des Selbst und der Welt des jungen Menschen. Es zeigt allerdings auch, dass selbst die auffällige psychische Deformation noch als Lösungsmittel für die psychosoziale Krise genutzt wird, der Mensch also adaptive Kraft auch in dieser Krise hat. Dieser These von der Trennung als Erschütterung einerseits und der Kraft von psychischer Verarbeitung der Trennung andererseits möchte ich im Folgenden nachgehen. Die Tränen, die beim Abschied vergossen werden, sind einerseits eine symptomatische Folge der Erschütterung über den Verlust und andererseits schon ein spontaner und unbewusster Versuch der Selbstheilung durch eine partielle Auflösung von Spannungen und Steuerungsanstrengungen und zudem ein Mittel, die Umwelt zu Mitgefühl und Lösungsversuchen zu veranlassen.

In der Regel entspricht die Reaktion auf Trennung dem gelernten Bindungsverhalten (J. Bowlby 1983, Fischer, 59). Die von John Bowlby 1969 entwickelte Bindungstheorie sagt: Es gibt ein biologisch angelegtes Bindungssystem. Dieses veranlasst Kleinkinder (und auch Tiere im jungen Alter) im Notfall instinktiv nach Schutz bei älteren Artgenossen zu suchen, die Erfahrung und Sicherheit versprechen. Schon Säuglinge entwickeln deshalb Verhaltensstrategien, die das Ziel haben, Pflegepersonen bzw. Mutter zur Hilfe aufzufordern. Die Mutter wird in diesem Fall zur Bindungsperson und die Trennung stellt eine Gefahr dar, die durch das Bindungsverhalten gebannt werden soll. Bindungsverhalten bedeutet, die Nähe der Bindungsperson suchen, sich ihrer zu versichern, sich anzulehnen, anzuklammern und mit Quengeln und Schreien sie bei sich zu halten. Diese Bindungsmuster reifen im Laufe des Lebens durch äußere Ereignisse. In den Phasen der größten Abhängigkeit im Lebenszyklus, also während der frühen Kindheit und im hohen Alter ist die Wahrscheinlichkeit am größten, dass Bindungsverhalten aktiviert wird. Bindungsverhalten ist an sich nichts Pathologisches, denn es ist eine »Tatsache, dass Bindungsverhalten potentiell das ganze Leben hindurch aktiv bleibt und … lebenswichtige biologische Funktion hat« (J. Bowlby 1975).

Bindung und Trennung sind in der psychischen Entwicklung von Kindern und jungen Tieren wichtige Erfahrungen des sozialen Lernens und der inneren Entwicklung von Objektbeziehungsmustern. Denn Trennungsreaktionen des Kindes, die begleitende Angst und die Mittel, mit denen sich das Kind ein Sicherheitsgefühl zu verschaffen versucht, werden in einer inneren Objektbeziehung internalisiert. Nicht das Erlebte allein ist entscheidend, sondern auch die innerseelische Dynamik, die sich z.B. in unbewussten Konflikten niederschlägt. Erfahrungen mit Bindung und Trennung werden in der ganzen Welt teils instinktiv, teils bewusst angewandt bzw. erzogen.

Dafür gibt es interessante Beispiele: Nicht nur bei den Affen, sondern auch bei anderen Säugetieren, benutzen die Jungen die Mutter als sogenannte *secure base,* also als Sicherheitsbasis. So bringt die Löwenmutter ihre Kinder in einem Versteck zur Welt. Dort liegen die jungen Löwen völlig ruhig, solange die Mutter auf Jagd geht (so erzählt Renggli, 1973, 65). Wenn sie zurückkommt, werden die Jungen gesäugt und beginnen dann in der Nähe der Mutter zu spielen. Sie patschen mit ihren Pfoten im Wasser, balgen sich und hetzen sich. Das geschieht aber nur, solange das Muttertier anwesend ist und ihnen Sicherheit gibt. Sie müssen die Mutter nicht immer sehen. Aber das ‚Gefühl‘ der Sicherheit haben sie auch dann, wenn sie um die Gegenwart, um die jederzeit erreichbare Nähe der Mutter wissen.

Dieselbe Bedeutung als *secure base* hat die Mutter auch für das Affenkind. Von der Mutter aus baut sich das Kind ein Territorium auf, in dem es sich sicher fühlt und dessen Zentrum die Mutter ist. Zu diesem Mittelpunkt, der *secure base* kehrt das Affenkind immer wieder zurück. Da die Mutter sich im Wald weiterbewegt, lernt das Kind immer wieder neue Gebiete kennen und neue Territorien aufzubauen. Je sicherer sich das Kind mit zunehmendem Alter fühlt, desto mehr dehnt es den Radius seiner Erkundungen aus. Schließlich kehrt es nur noch zur Gruppe zurück, wenn sich die Gruppe zu bewegen beginnt. Bewegt sich dagegen die Mutter vor allem in der frühen Phase ihrer Benutzung als *secure base* von der Stelle, kehrt das Kind sofort zu ihr zurück oder es beginnt zu schreien (ebenda, 66).

Die Schreireaktionen drücken Angst oder Furchterleben aus: Dabei handelt es sich um Trennungsangst oder um deren Vorform. Von dem schon erwähnten John Bowlby wird erzählt, dass er ein junges Patasäffchen bei sich zu Hause aufzog, das zuerst seine Tochter als Mutter akzeptierte. Wollte diese den Raum verlassen und das Äffchen mit Bowlby allein lassen, schrie es sofort los, versuchte seiner »Adoptiv-Mutter« zu folgen und war nicht eher zu beruhigen, bis diese zurückkam und es auf den Arm nahm. Es handelte sich hier um eine Trennungsangst, durch Fremdenangst verstärkt (ebenda, 66f).

Die Beispiele zeigen, dass zwar die Trennungsangst nicht unbedingt als normal angesehen werden muss, wohl aber eine latente Trennungsangstbereitschaft. Die Trennungsangstbereitschaft ist ein lebensrettender Mechanismus, der das Kind zwingt, immer wieder spontan zur Mutter zurückzukehren und sich ihrer Gegenwart zu vergewissern. Diese Benutzung der Mutter als *secure base* ist einerseits ein Kontrollmechanismus, der eine Gefährdung durch allzu einsame Erkundung der Umwelt verhindert, andererseits ist sie aber auch eine Möglichkeit, die Bindung des Kindes an die Mutter aufrechtzuerhalten. Mit dem Einsetzen der Trennungsangst beginnt das Kind, das bisher von der Mutter behütet und beobachtet wurde, sich umzuorientieren und seinerseits die Mutter im Blick zu behalten.

Auch bei den Menschen sind solche Lernvorgänge in der

Spannung von Bindung und Trennung bekannt. Schauen wir erst einmal zu einem abseits der Zivilisation lebenden Volk: Die Ifaluk sind ein Inselvolk von Fischern in der Südsee. Die Inseln umfassen nur etwa zwei Quadratkilometer und liegen in der Nähe des Äquators, in einem Dreieck zu den Philippinen und Melanesien nördlich des australischen Kontinents. Die Ifaluk zählen 250 Einwohner, fröhliche und friedfertige Menschen, gut versorgt mit Nahrungsmitteln aller Art: die Gemüsepflanze Taro wird angebaut, es gibt einen reichhaltigen Fischvorrat, getrunken wird der Saft von noch unreifen Kokosnüssen. Die Kleidung entspricht dem milden Klima. Die Frauen tragen einen Grasrock und die Männer ein Lendentuch, das ihre Genitalien bedeckt.

Die Einstellung zum Kind ist erstaunlich: Das Kind ist für die Ifaluk das erste und das letzte Ziel ihres Lebens. Es ist Zentrum der Aufmerksamkeit aller. Es wird während seines ganzen ersten Lebensjahres nie allein gelassen, bleibt immer in der Obhut einer erwachsenen Person. Mutter und Großmutter wechseln sich in der Pflege ab, sind ständig in der Geburtshütte. Nachts muss eine der beiden Frauen sogar ständig wach bleiben, um zu sehen, ob das Baby wach ist oder schläft. Die Bedürfnisse des Neugeborenen sollen sofort befriedigt werden, sobald es erwacht oder unruhig wird. Das geht so während des gesamten ersten Lebensjahres. Bei dieser großen Bemühung um das Kind mutet es seltsam an, dass dieses sogleich nach der Geburt von der Großmutter im kalten Wasser des Ozeans gewaschen wird und dabei ganz eingetaucht wird. Nur der Kopf bleibt über Wasser. Diese Waschung wird dreimal am Tag bis zum Ende des dritten Monats fortgeführt. Wenn es zu schreien beginnt, wird es sofort durch die Brust der Mutter, die auch gleich im Wasser steht, beruhigt.

Aber für das durch ständige Begleitung verwöhnte Kind gibt es auch bald eine kalte Dusche der seelischen Entwöhnung, denn im vierten Monat beginnt die Mutter auf Ifaluk wieder zu arbeiten und um das Kind kümmern sich wechselnde andere Personen. Mal ist es die Schwester der Mutter, die die Pflege übernimmt, mal die Großmutter, dann die

Nachbarsfrau oder eine andere Schwester. Die Mutter selbst kümmert sich allmählich immer weniger um das Kind, so dass sie schließlich gegen Ende des ersten Lebensjahres nur noch eine von vielen Pflegepersonen für das Kind darstellt. 40 Prozent der Kinder auf Ifaluk werden am Ende des ersten Lebensjahres von der Mutter verlassen und von anderen Frauen adoptiert. Während wir in unserer Zivilisation davon ausgehen können, dass das Kind meistens im dritten Lebensjahr einen aktiven Trennungsprozess von der Mutter vornimmt, wird also auf Ifaluk ein passiver Trennungsprozess provoziert, der schon im vierten Monat beginnt und mit dem Ende des ersten Lebensjahres abgeschlossen ist. Die Mutter, die sich anfangs so unentbehrlich macht, zieht sich abrupt aus der Beziehung zurück und zerstört ein eindeutiges Bild der Bindungsperson, um das Kind dem Stamm zu überlassen, in dem es – jedenfalls zu diesem Zeitpunkt – aufmerksam und wohlwollend versorgt wird und sich fast alles erlauben kann.

Was das Kind an Kontakt und an Bindung zu seiner Mutter entbehrt, erhält es als Ausgleich in den extrem häufigen Kontaktangeboten, den Spielen und Zärtlichkeiten von vielen anderen Mitgliedern der Gesellschaft.

Dann aber beginnt ein zweiter Trennungsprozess, der einer kalten Dusche gleichkommt. Das von allen freundlich begleitete Kind muss bei Geburt eines neuen Geschwisters alle diese Vorrechte an das Neugeborene abtreten. Das etwa dreijährige Kind wird nun immer mehr sich selbst überlassen. Es kann von zu Hause weggehen oder zurückkommen, wann es will, kann essen was es will und auch schreien, wann es will. Aber dieses Schreien wird kaum und schließlich überhaupt nicht mehr beachtet. Auf seine Schreiausbrüche reagiert man nun mit leichtem Amüsement oder Spott. Bis zum 6./8. Lebensjahr zeigt es massive Symptome in Form von Schrei- und Wutanfällen und weint bis zur Erschöpfung (vgl. Rengglin a.a.O., 117ff).

Diese erstaunliche Erziehung, die Geborgenheitserlebnisse und große Trennungsängste produzieren wird, ist nur verständlich durch die große Bedeutung einer eindeutig friedfertigen und im höchsten Maße sozialen Gesellschaft, die zudem gut überschaubar ist. Zur Erklärung des Rückzugs der Mutter vom Kind ist allerdings auch angeführt worden, dass auf diese Weise aggressive Strebungen, die ansonsten bei den Ifaluk nicht vorkommen, vermieden werden, aus Angst, das Kind im Zorn zu töten. Schließlich ist aber auch denkbar, dass die durch Beziehungsverlust provozierte Trennungsangst eine höhere soziale und kognitive Leistung hervorruft. Ähnlich wird das Kind in unserer Kultur früh von der Mutter getrennt in einem eigenen Zimmer zum Schlafen gebracht. Dies ist ein Brauch, der in zivilisatorischen Hochkulturen üblich ist und man nimmt an, dass dadurch eine höhere theoretische und verbale Intelligenz hervorgebracht wird. Die frühe Trennung der Kinder von der Mutter und die damit erzeugten Ängste beim Kleinkind gaben einen oder sogar den wesentlichen Anstoß zur Bildung einer Hochkultur (vgl. Renggli a.a.O., 244).

Wir können aus den Beispielen zusammenfassend den Schluss ziehen, dass Bindung eine instinktive Reaktion auf drohende Trennung und Verlust ist und die Trennungsangst mindern soll, dass aber andererseits die Trennung eine unbewusste oder bewusste Herausforderung zu höherer sozialer Reife und zur intelligenten Lösung von inneren Konflikten und Spannungen darstellt. Der Mensch schwankt in seiner Entwicklung zwischen Angst und Geborgenheit, Bindungsmustern und Trennungsangst und lernt daran. Während am Anfang die Mutter als *secure base* zur Verfügung steht, wird im Laufe der Entwicklung die Bereitschaft zur Trennungsangst provoziert und es gilt, dieser Angst gegenüber eine Lösung zu entwickeln. Löwenjunge und Affenkinder lernen den Sicherheitsbereich um ihre Mutter herum im Auge zu behalten und reagieren schreiend und hinterherrennend auf eine Entfernung von der Mutter. Menschen auf Ifaluk sind gezwungen, ihre Bindungswünsche auf andere Familien- und Stammesmitglieder zu richten, um nicht dauernd schreiend hinter der Mutter her laufen zu müssen. Kinder in unserer westlichen Welt werden in einem eigenen Säuglingszimmer im Krankenhaus und im eigenen Zimmer zu Hause auf Abstand gehalten, Mütter werden darauf hingewiesen, dass man das Kind auch mal schreien lassen kann und es nicht verwöhnen sollte. Diese Form der Kinderbehandlung haben das Ziel, die immer frühere Trennung und das heißt die immer konsequentere Entfremdung zwischen Mutter und Kind zu erreichen. Kinder in unserer Kultur haben damit immer weniger Gefühle von Geborgenheit in Form von Körperkontakt. Man kann vermuten, dass hinter dieser Distanzierung vom Kind auch die Verhinderung von Aggressionen durch übermäßige Verpflichtungs- (und Schuld-) Gefühle steht, die wie bei den Ifaluk zu unberechenbaren Aggressionen führen könnten.

Auch in unserer Gesellschaft müssen Kinder zunehmend mit Trennung rechnen. Die Eltern gehen auseinander, die vermeintliche Sicherheit, die durch Bindungsmuster erzeugt wurde, schwindet, das Selbstbewusstsein wird durch die erzeugten Ohnmachtsgefühle erschüttert. Ja, das Selbst und die Welt des Kindes wird erschüttert. Das Kind muss lernen, mit dieser Erschütterung leben zu lernen, ohne langfristige Schäden oder ungünstige Prägungen zu erleiden.

2.2.9 Adoptiveltern

Die Eltern von José* kommen zum Berater, weil ihr Sohn sich zunehmend von ihnen entfernt, ja sie sogar hintergeht und Geld entwendet, um mit seinen Freunden Haschisch kaufen zu können. Die Mutter, die ihn liebt, ist verzweifelt, der Vater beginnt daran zu zweifeln, ob er noch einen Zugang zu ihm hat und ist auch eifersüchtig auf die enge Beziehung der Mutter zu ihrem Jungen. Aber obwohl es einen guten Austausch zwischen den beiden gibt, empfindet auch die Mutter eine zunehmende Distanz des Jungen zu ihr. Sie scheint beide Männer zu verlieren, den Ehemann, weil er sich nicht geliebt und gemeint fühlt und den Sohn, der nach einer anderen Erfüllung sucht. In der Beratung wird rasch offen gelegt, dass José als Baby adoptiert wurde und dass er sich zeitweise in Träumereien über seine leibliche

Mutter und seine Heimat zurückzieht. Das Rauschgift hilft ihm offenbar dabei. Die Adoptiveltern können ihm nicht so viel über seine Herkunft erzählen. Sie wissen nur, dass die Mutter finanziell nicht in der Lage war, ihn aufzuziehen.

Eine Adoption muss nicht durch Bequemlichkeit oder Desinteresse der leiblichen Mutter motiviert sein. Sie beinhaltet eine Notsituation, in der die Abgabe des Kindes an eine häufig besser situierte Familie dem Kind eine Existenz erst ermöglicht, die ohne die Adoption gefährdet wäre. Dabei spielt die ökonomische Not oder die existentielle Bedrohung eine Rolle. Die Adoptionsvermittlung dient einerseits diesem Interesse und andererseits dem Interesse der Adoptiveltern, zu helfen und ein wohlgeratenes Kind als das eigene anzunehmen und es zur eigenen Freude und für das Ansehen und die Zukunft der Familie aufzuziehen. Das Kind selbst ist den Adoptiveltern dankbar, kommt aber in Loyalitätsprobleme, wenn es in seiner Identifikation zwischen dem Mitgefühl für die in Not befindlichen leiblichen Eltern und ihresgleichen und der Dankbarkeit gegenüber den im Wohlstand lebenden, fürsorglichen Adoptiveltern hin und hergerissen ist und häufig noch nicht einmal darüber sprechen kann, in welchem Zwiespalt es da steckt (zu wem gehöre ich wirklich?). Das Ergebnis ist ein Unglück, bei dem der innere Konflikt hier zu einem dissozialen Agieren führt (in anderen Fällen in neurotische Konflikte führen kann). Dies verhindert allerdings nicht, dass das Adoptivkind Karriere macht und eine große Lebensperspektive hat, denn es besitzt einen Ehrgeiz, sich aus den abhängig machenden und lähmenden Delegationen von leiblichen Eltern und Adoptiveltern herauszuentwickeln und eine eigene Identität zu erringen.

José zeigt einen solchen Ehrgeiz und kommt auch als junger Mann in die zwiespältigen Empfindungen. Nicht zufällig passiert das in der Pubertät, als er inneren Abstand zu den ihn erziehenden Eltern nimmt und danach forscht, wo seine leibliche Mutter ist. Die ihn sehr liebende Adoptivmutter ist gekränkt, kann aber seine innere Suche nach der leiblichen

Mutter, die sie in Lateinamerika weiß, unterstützen. Die Umstände der Adoption werden herausgearbeitet. Der inzwischen 15jährige José wurde mit wenigen Wochen in seiner Heimat von seinen deutschen Adoptiveltern abgeholt, nachdem er von seiner armen und überforderten Mutter zur Adoption freigegeben worden war. Der Junge war bei Eintreffen in Deutschland krank. Er wird dem Berater vorgestellt, weil er Haschisch konsumiert, den Eltern Geld stiehlt und sich in einer sehr aggressiven Weise mit dem Vater auseinandersetzt, während er die Mutter hofiert, die ihn auch idealisiert und unterstützt. Dies führt zu Paarkonflikten, die in der Beratung besprochen werden. Der Junge äußert häufiger, dass er als Erwachsener in die Heimat fliegen will, um dort seine Mutter aufzusuchen. Er meint zu wissen, dass dort nicht so schwer gearbeitet wird. Er wird in der Schule schlechter. Entgegen den ehrgeizigen Plänen der Adoptiveltern möchte er am liebsten Arbeiter werden, statt zu studieren. Die Auseinandersetzung mit der eigenen Herkunft scheint sich so zu zeigen, dass er die lässige und gleichmütige Einstellung eines Latino (wie er ihn versteht) lebt und sich durch keine besorgten oder ehrgeizigen Ermahnungen oder Deutungen seines Verhaltens irritieren lässt. Damit kränkt er in der pubertären Ablösung die Adoptiveltern und hält sie auf Abstand und scheint den leiblichen Eltern eine loyale innere Beziehung bieten zu wollen.

Die Phantasie von den »anderen Eltern« gehört zu den »Familienromanen« (S. Freud: Der Familienroman der Neurotiker. Traumdeutung, 8. Aufl., 242, GW. Bd. II/III), mit denen sich Kinder allgemein die Ablösung von den als ungenügend erlebten Eltern vorstellen und gleichzeitig ihre idealen Züge in der Phantasie von vornehmen Alternativ-Eltern aufrechterhalten. Bei Adoptivkindern trifft die Phantasie allerdings auf die demütigende Realität. Diese ist für José umso unausweichlicher und eindeutiger als er mit brauner Haut keine physische Ähnlichkeit mit den Eltern feststellen kann.

Die Beratungsstelle ist in diesem wie in anderen Fällen Anlaufstelle für verzweifelte Eltern, die trotz ihrer großen Zuneigung zum adoptierten Kind alles in Frage stellen, was sie damals gemacht haben. Die im Ausland verabredete Adoption lässt Nachforschungen und Rückfragen zu den leiblichen Eltern schwierig erscheinen. So ist das Kind (wie auch seine leiblichen Eltern) auf Phantasien angewiesen und probiert einen zum Leben der Adoptiveltern alternativen Lebensstil, der diese beschämt und herausfordert. Das Kind stellt die Frage, wie es nach der von den Eltern berichteten Transaktion in einem plötzlich als fremd erlebten Deutschland eine Identität entwickeln kann. Diese Geschichte ist leider noch nicht zu dem Punkt gekommen, an dem man von einer großen Lebensperspektive reden kann.

Exkurs: Beratung von Adoptiv- und Pflegeeltern

Die Geschichte eines Adoptionskindes:

Die Regierung eines totalitär geführten Staates fühlt sich durch den wachsenden Anteil einer aus dem Ausland eingewanderten Volksgruppe, die andere religiöse Wurzeln hat als der Großteil der Bürger und diese Religion auch pflegt, bedroht. Es entsteht eine rassistische Stimmung, die von oben gelenkt wird. Die Angehörigen der Ausländer werden zu Zwangsarbeiten herangezogen und unterdrückt. Nach mehreren Versuchen, die Bevölkerungsrate in dieser Gruppe klein zu halten, die nicht gelingen, beschließt der Staatsapparat, die männlichen Nachkommen zu verfolgen und umzubringen. Eine Mutter rettet ihr drei Monate altes Kind, einen wohlgeratenen Jungen vor den Häschern. Sie setzt ihn in einem selbstgebauten Floß auf dem Fluss aus, um ihn von Einheimischen aufziehen zu lassen. Tatsächlich findet die Tochter einer herrschenden Familie das Kind und beschließt es aufzuziehen und nimmt das inkognito gemachte Angebot der Mutter an, als Amme für das Kind zu fungieren. Auf diese Weise wird das Kind groß. Die Unterdrückung der eigenen Landsleute führt es im erwachsenen Alter dazu, Loyalitätsgefühle eher für die unterdrückte Volksgruppe als für die herrschende Bürgerschicht zu haben. Dies führt dazu, dass der junge Mann einen seine Volksgenossen quälenden Aufseher erschlägt und fortan mit der Verfolgung durch die Staatsmacht rechnen muss. Er flieht und wird später ein führender Politiker, der sein Volk mit viel Charisma und Weisheit aus dem Land führt und ihm eine neue Existenz ermöglicht.

Der bibelkundige Leser hat dieses Adoptivkind sicher erkannt, es ist Moses, der das Volk Israel aus Ägypten führt. Seine Biographie ist die Grundlage der Erziehung jedes jüdischen Gläubigen und wird jährlich beim Passahmahl zitiert.

Die Geschichte zeigt, dass eine Adoption aus einer Notsituation, heraus geschehen kann, in der die Adoption des Kindes eine ökonomische und Existenz begründende Maßnahme sein kann. Sigmund Freud hat darauf hingewiesen, dass sonst die aus vornehmer Familie stammenden Helden von einfachen Familien groß gezogen werden. Bei Mose ist es umgekehrt (S. Freud: Der Mann Moses und die monotheistische Religion. Drei Abhandlungen. GW Bd. XVI, 101–246).

Aber auch bei vielen Adoptionen in Deutschland sind die Eltern gegenüber den Herkunftsfamilien in einer privilegierten Position. Außerdem sind sie in der Regel älter und reifer als die leiblichen Eltern, was Vor- und Nachteile hat. Eine empathische Nähe im Umgang mit dem Kind, eine spontane Streitkultur, ein affektives Mitschwingen müssen erlernt werden, wo sie in der Beziehung zwischen jungen Eltern und ihrem Kind vielleicht selbstverständlich sind. Alte Eltern sind zudem vorsichtiger und behütender im Umgang mit ihren Kindern, was ebenfalls Vor- und Nachteile hat.

Der Standesunterschied zwischen einem Kind aus schwierigen Verhältnissen und Eltern aus dem gehobenen Milieu ist von vornherein zu bedenken. Gerade bei Adoptionen von Kindern aus dem Ausland sind solche Diskrepanzen und die zusätzlichen Probleme einer kulturell und genetisch verankerten Andersartigkeit in der Beratung zu berücksichtigen. Vor allem in der Pubertät der Adoptionskinder wie auch der

Pflegekinder kommt es zu neuen Verhandlungen und Auseinandersetzungen über die Fremdheitsgefühle, die Eltern und Kind gegen einander entdecken und die sie überbrücken müssen.

Simon* ist aus Bulgarien. Er wurde dort im Alter von drei Jahren in einem Waisenhaus mit seinen zukünftigen Adoptiveltern bekannt und begann sofort eine intensive und von der Hoffnung auf Aufnahme geprägte Beziehung zu ihnen. Sie hatten das Gefühl, sie müssten eigentlich alle nach exklusiven Beziehungen strebenden, notdürftig äußerlich versorgten Kinder adoptieren. Zu Hause hatten sie allerdings Probleme mit seinen Lernschwierigkeiten und seiner von Anfang an sehr temperamentvollen Art. Sie merkten, dass bei aller erzieherischen Bemühung dieses Kind nicht wie sie – die gebildeten deutschen Bürger – sein würde. Es würde immer erkennbar bleiben, dass Simon eine andere Vergangenheit hatte. Eine Forschung nach den leiblichen Eltern war ausgeschlossen. Die Adoption war ein Weg ohne Rückblick.

Wenn Kinder im Alter von etwa drei Jahren aus ihrer bisherigen Umgebung im Ausland herausgeholt werden und – wie in diesem Fall – auch schon mehr als ein Jahr in einem Heim gelebt haben, sind viele Fragen nach ihrer frühen Entwicklung offen. In den ersten drei Jahren werden alle wichtigen Erfahrungen mit dem Selbst und den Beziehungsobjekten gemacht, die dazu führen, dass anlagebedingtes Temperament und Charakterzüge weitergebildet werden, die Bindungsfähigkeit und Objektkonstanz (also ein Halt an inneren Beziehungsbildern, so genannten Imagines, auch bei Nichterreichbarkeit der Eltern) entsteht und die synaptischen Verbindungen im Gehirn, die solche Erfahrungen speichern und gefühlsmäßig einordnen, wachsen. Diese Grunderfahrungen bilden das Fundament des weiteren Lernens und der weiterreichenden Beziehungen. Bei traumatischen Erfahrungen z.B. durch Verlust der Eltern kann es nicht nur zu Bindungsstörungen kommen, sondern auch zu einer Stagnation der Lernfähigkeit. In jedem Fall entsteht dann eine narzisstische Wunde, weil allein die Tatsache der Adoption eine dauerhafte Kränkung für das Kind darstellt. (Diese Kränkung betrifft allerdings nicht nur das Kind, sondern auch die Adoptiveltern, die auf die Adoption angewiesen waren, um sich ihren Kinderwunsch zu erfüllen). Anzeichen für diese Verletzung sind Angst, Misstrauen und oberflächliche Kontaktsuche und emotionale Kälte. Dies ist häufig die Hypothek der Adoptivkinder, mit der Adoptiv-Eltern rechnen müssen, die ihnen aber selten ganz bewusst ist.

Selbst wenn diese Defizite im Erleben des Adoptivkindes den künftigen Eltern kognitiv bekannt sind, lassen sie sich bei der Übernahme des Kindes doch häufig durch die Schilderungen von Betreuern im Heim und von Adoptionsvermittlern über grundlegende Probleme täuschen.

Die im Ausland verabredete Adoption zeigt das Problem, dass es kaum Chancen zur Aufnahme einer Beziehung zu den leiblichen Eltern gibt. Man wird nie erfahren können, aus welcher Notsituation heraus die Adoption zustande kam. Das Kind ist darauf angewiesen, seine Eltern zu träumen. Das macht es nicht leicht, eine eigene Identität zu entwickeln und erschwert in der Pubertät eine realistische Auseinandersetzung und Versöhnung mit den Adoptiveltern und ihrer Motivation zur Adoption. Für manche Adoptiveltern ist es andererseits so, dass ihr guter Wille, einem Kind aus einem östlichen Land oder aus Lateinamerika eine Lebenschance zu geben, sie über die genaue Prüfung der Erfahrungen des Kindes hinweggehen lässt. Die Enttäuschung erfolgt dann erst in Deutschland.

Man könnte diese Erfahrungen nun als typisch für die Auslands-Adoption zusammenfassen und abhaken.

Ähnliche Erlebnisse gibt es aber auch in Deutschland z.B. mit Pflegekindern, deren Besonderheiten und Behinderungen vom zuständigen Jugendamt nicht angezeigt werden, offenbar, um die potentiellen Adoptiveltern nicht zu verschrecken und eine Übernahme der Sorge nicht zu verhindern. In einem

Fall war es so, dass die Adoptiveltern in spe auf die Adoption verzichteten und das Verhältnis als Pflegschaft fortsetzten, um dem Jugendamt nicht billig entgegenzukommen. Die Verhaltensauffälligkeiten des Kindes zeigten in der Folgezeit, dass diese Einstellung vom Kind erspürt wurde und die Zweifel an der Zuneigung der Pflegeeltern vergrößerte.

In der Beratungsstelle wird bei der Beratung von Adoptiveltern wie auch Pflegeeltern und ihren Kindern eine Vermittlerrolle versucht, in der Berater als der »Fremde« für das Kind auch ein Stückchen weit die leiblichen Eltern und das Interesse an ihnen vertritt, andererseits aber auch die Dankbarkeit gegenüber den Adoptiveltern ausdrückt und so zeigt, dass man beides denken, fühlen und leben kann. Damit wird der Loyalitätskonflikt gemindert und das Kind muss ihn nicht weiter als quälenden Zwiespalt erleben. Außerdem wird das Kind in seinem So-sein, in seiner unverwechselbaren Identität gewürdigt Tests geben nicht nur Anlass zur Feststellung von Defiziten, sondern auch zu einem Gespräch über die vielen positiven Eigenschaften und Fähigkeiten des Kindes und versuchen so zur Identitätsentwicklung beizutragen. Die narzisstische Wunde wird gepflegt, wenn sie auch nicht geheilt werden kann.

Die Fragen des Kindes in Bezug auf seine leiblichen Eltern werden unterstützt, teilweise in der Phantasie, teilweise auch in Bezug auf Nachforschungswünsche. Die Beratungsstelle trägt allerdings nicht selber zur Findung der leiblichen Eltern bei.

Wichtiger erscheint es, die *innere* Auseinandersetzung mit den »Bauch-Eltern«, wie ein Kind sie einmal nannte, zu führen.

Die siebenjährige Tamara* ist mit drei Jahren in eine Pflegestelle aufgenommen worden, weil die Mutter sie verwahrlosen ließ und ihr durch häufige Abwesenheit wenig Sicherheit in der Bindung bot und der Vater eine Gefängnisstrafe wegen verschiedener schwerer Delikte antreten musste. Sie kommt in die Beratungsstelle und spielt in einem Rollenspiel die Polizistin, die dem Therapeuten, der Diebstähle und gewaltsame Überfälle

darstellen muss, auf die Schliche kommt und ihn seiner Strafe
zuführt. Zwischendurch erzählt sie, dass der Vater »in echt« im
Gefängnis sei. Dann führt sie das Spiel fort.

Sie hat in der Beziehung zu ihrem Therapeuten die Möglich-
keit, ihre Einstellung zum leiblichen Vater durchzuarbeiten und
– ohne ihn entwerten zu müssen – eine ausgewogene Einstel-
lung zu seiner kriminellen Persönlichkeit zu entwickeln. Diese
Auseinandersetzung mit dem Vaterbild hilft ihr auch eine Iden-
tität zu entwickeln, in der die intrapsychische Repräsentanz des
Vaters nicht zu Verunsicherung und Irritation beiträgt.

In diesem und in ähnlichen Fällen war das zuständige Ju-
gendamt wenig involviert und die Pflegeeltern wollten dies auch
nicht. Die Beratungsstelle trat also als freiwillig gesuchte Hilfe in
eine Lücke ein.

Die Integrierte Psychologische Beratung, d.h. das Zusam-
menwirken von Angeboten der Erziehungsberatung sowie
der Ehe-, Familien- und Lebensberatung, stellt mit ihrem
Angebot eine gute Möglichkeit zum flexiblen Umgang mit
Konflikten bei Adoption und Pflegschaft dar. Sie bietet
eine Vermittlung im Sinne der Triangulierung zwischen
Herkunftsfamilie und Adoptiv- bzw. Pflegeeltern, hilft den
Kindern beim Aufbau einer eigenen Identität, stützt die an
ihrer Arbeit zweifelnden und manchmal verzweifelten Eltern, hilft ihnen, die Paarbeziehung aufrecht zu erhalten und
verhilft zur Verarbeitung der Erlebnisse um die Adoption
und der Enttäuschungen.

Kontakte zu den Adoptionsvermittlungsstellen sind allerdings so gut wie nicht möglich, während bei Pflegschaften
z.B. über Jugendhilfe-Gespräche ein Kontakt zum Jugendamt
häufiger zustande kommt. Diese Gespräche könnten helfen,
einem Aufbau von Vorurteilen gegenüber den Institutionen
abzuhelfen, das bei den Eltern häufig anzutreffen ist. Eine
institutionelle Zusammenarbeit von Anfang an gibt es sehr
selten.

Die Jugendämter versuchen, neue Wege in der Zusammen-

arbeit mit den Beratungsstellen zu gehen und die Beratungsstellen an der Suche nach Pflegeeltern zu beteiligen. Dies ist
auch mit der Hoffnung verbunden, dass sich durch solches
Engagement eine frühe Verbindung zwischen Eltern und Beratungsstelle ergibt, die es ermöglicht, eine Verleugnung der
Besonderheiten des Adoptivkindes zu verhindern und eine
Bearbeitung dieser Frage im Laufe des Adoptivverhältnisses
zu gewährleisten.

Ein weiterer Versuch, ein Pflegschaftsverhältnis zu begründen, aber auch eine Pflegschaft mit all ihren Kosten zu vermeiden, ist das Projekt einer Beratungsstelle, die »Paten« für
die Kinder von psychisch behinderten Eltern sucht und diese
bei ihrer in begrenztem Umfang auch honorierten Tätigkeit
beraterisch unterstützt.

Diese neuen Projekte – wohl auch aus der Not geboren –
können aber nicht darüber hinwegtäuschen, dass die Kooperation noch zu verbessern wäre und die Ressourcen der Beratungsstellen freier Träger nicht genügend wahrgenommen
werden.

Folgerungen für die Zusammenarbeit mit Adoptions- und
Pflegschaftsvermittelnden Stellen:
- Die Auseinandersetzung mit der »narzisstischen Wunde«
  des Adoptivkindes sollte bei der Vermittlung als Aufgabe
  der Beziehung der Adoptionseltern zum Kind ins Bewusstsein gerufen werden.
- In den Therapien sollten spezifische Übertragungsphäno-
  mene wie die »Ur-Wut« auf die Mutter oder die Rivalität
  als Ausdruck des starken Verlangens nach hohem Selbstwert und einer sicheren Identität bedacht werden. Ge-
  genübertragungsgefühle können Ohnmachtsgefühle und
  Verlorenheitsempfindungen wie auch reaktiver Ärger und
  Entwertung sein.
- Die Adoptiveltern sollten auch auf die Neigung von Kindern zum Phantasieren eines »Familienromans« als mög-
  lichem Ablösungsphänomen in der Pubertät hingewiesen
  werden.
- Die Möglichkeiten zur Rückverfolgung der eigenen biogra-

phischen Wurzeln sollte von Adoptionsvermittlungsstellen
erleichtert werden.

– Täuschungen und Beschönigungen von bekannten Ent-
wicklungsdefiziten und Behinderungen des Kindes durch
Adoptionsvermittler bilden ein Spannungspotential für die
Eltern-Kind-Beziehung. Darauf sollten Adoptionsvermittler achten.

– Kontakte zwischen Adoptionsvermittlungsstellen und Beratungsstellen könnten Vorbehalte und Missverständnisse
aufklären helfen.

– Frühzeitige Kooperation erleichtert es, gemeinsame Bera-
tungsziele zu erreichen.

2.2.10 Eltern, deren Kinder Gewalt ausüben

Die Mutter von Michael kam zum Berater, weil ihr Sohn in
der Schule auffällig zu Gewalttaten neigte und auch den kleinen
Bruder grob behandelte. Zunächst war nur sie bereit, in der Beratung an der schwierigen Situation zu arbeiten.*

*Michael war eigentlich ein ruhiges Kleinkind. Es gab wenig
Auffälligkeiten. Er hatte kein Durchhaltevermögen (»wie der
Vater«, meint die Mutter). Er sei nicht satt geworden. Seine Erziehung sei von der Gleichgültigkeit des Vaters ihm gegenüber
und den heftiger werdenden Auseinandersetzungen zwischen
den Eltern bestimmt gewesen. Er war ein lieber Junge, zeigte
erst mit vier Jahren (als die Mutter mit einem weiteren Kind
schwanger wurde) Trotz. Er wurde mit drei Jahren sauber,
nässte aber weiterhin ein. Der Vater erzog mit viel Druck, for-
derte Anpassung vom Kind, kümmerte sich nur um den Jungen,
wenn er selbst Lust dazu hatte. Die Mutter musste zeitweise für
den Lebensunterhalt sorgen und fühlte sich überfordert. Die Ehe
begann unter den Auseinandersetzungen zu leiden, in deren
Verlauf der Mann seine Frau schlug. Der Junge bekam das mit,
versuchte aber, sich nicht darum zu kümmern. Er verschwand
in seinem Zimmer oder vor den Fernseher. Der Fernsehkonsum
war unkontrolliert. Im Kindergarten fiel er dann wegen seiner
Jähzornsausbrüche auf.*

Als er fast sechs war, wurde sein Bruder geboren. Er hatte ihn zunächst nicht haben wollen, wurde später aber ein bemühter Vaterersatz für ihn. Er litt darunter, dass der Bruder häufiger schwer krank war und die Mutter dadurch absorbiert war. Die Ehe ging auseinander. Michael wurde daraufhin auffälliger. Er stößt nun den zweijährigen Bruder um, schlägt ihn ins Gesicht und rechtfertigt sich mit der Behauptung, der Kleine habe gebissen. Er wird eingeschult und auch hier zeigen sich zunehmend Gewalttätigkeiten, wenn er sich gereizt und gekränkt fühlt.

Mit der Aufnahme einer Beratung der Mutter unter Einbeziehung ihres Lebenspartners beginnt die Bemühung, Michael durch Strukturierung und Vorgabe von klaren Anweisungen, aber auch mit positiven Äußerungen zu seinen Leistungen, Halt und Orientierung zu vermitteln. Die Mutter lässt sich auf diese Aufgabe ein. Dazu verhilft auch der neue Lebenspartner der Mutter, der nach der Scheidung vom Vater und der Aufgabe der Besuchstermine Michaels bei diesem, für die Erziehung des Jungen eintritt. Er stützt die Mutter. Dadurch konsolidiert sich das Familienleben wieder langsam.

Dabei spielt auch eine Rolle, dass die Mutter erkennt, dass sie in Michael noch immer den geschiedenen Mann sieht und dass er auch selber noch mit dessen Art, Spannungen abzubauen, identifiziert ist. Ohne eine direkte Arbeit mit dem verstockt und verschlossen wirkenden Jungen wirkt die Beratung unzureichend. Nach sorgfältiger Absprache mit der Mutter und ihrem Partner wird deshalb beschlossen, den Jungen mehr einzubeziehen.

In dieser Kindheitsgeschichte klappte anfangs nichts von dem, was wichtig ist: Es wurde kein Zutrauen in die Kräfte des Kindes gezeigt. Es gab keine zuverlässige und kontinuierliche, aus Zuneigung herrührende Zuwendung und die Kindheit war nicht von der Zuversicht geprägt, dass es positive Lösungen für die Probleme gegeben hätte. Die einzige Lösung, die das männliche Modell Vater bot, war Gewalt. Entsprechend sind die Reaktionen des Jungen: Da wenig Zuversicht in Konflikten da war, war die einzige Lösung so zuzuschlagen, wie der Vater es tat oder sich so wortlos und gedemütigt zurückzuziehen, wie die Mutter es tat.

Die Beratung litt zunächst darunter, dass die Mutter ganz auf die neue Familienstruktur baute. Eine Erinnerung oder gar Zusammenarbeit mit dem leiblichen Vater erschien ausgeschlossen. Sie war von ihm geschlagen und gequält worden und konnte sich diesem Erleben nicht noch einmal aussetzen. Sie setzte auf die Zukunft. Sie stellte ihren neuen Partner als Garant für diese Zukunft vor und er war tatsächlich ein bemühtes und positiv Beziehung aufbauendes Familienoberhaupt. Für Michael aber war der leibliche Vater nicht erledigt. Er war nicht in der Lage, die inneren Konflikte, die durch den lebhaften und ihn einengenden Bruder zustande kamen und durch zeitweise Überforderung der Mutter verstärkt wurden, zu bearbeiten. Er musste auch mit dem Vorbehalt der Mutter ihm gegenüber fertig werden, dass er angeblich viele Eigenschaften des leiblichen Vaters geerbt habe und sie in ihm seine männliche Aktionsbereitschaft und Aggressivität misstrauisch beobachtete. Sein Konflikt bestand darin, dass er die Gewalttätigkeit des Vaters als ultimative Lösung von Unstimmigkeiten beobachtet hatte und sich mit ihr als Ausdruck von Stärke identifiziert hatte, aber (auf der Höhe der ödipalen Entwicklung) auf der Seite der Mutter gestanden hatte, wie ein potentiell besserer Partner und den unbeherrschten Vater verachten gelernt hatte. Wenn es ihm gut ging, konnte er der brave Junge der Mutter sein. Wenn er sich unwohl fühlte oder gekränkt worden war, brach jähe narzisstische Wut aus ihm heraus, die er versuchte zu steuern und nur hintenherum zeigte. Er quälte heimlich seinen nervigen Bruder, sodass dieser zeitweise auffällige blaue Flecke trug. Auch in der Schule neigte er zu gewalttätigen Übergriffen, wenn er sich missverstanden und ungeliebt fühlte. Die beim Vater erlebte Macht und Gewalt waren in der Beratung ein Schlüssel für das Verständnis seiner Auffälligkeiten. Die Veränderung der Mutter, die in der Beratung ihre Sicherheit und ihr Selbstbewusstsein dokumentierte und wiederentdeckte, reichte nicht aus, um dem Jungen Stabilität zu geben. Er wirkte auch im Einzelkontakt immer verschlossen und undurchschaubar, konnte seine Gefühle nicht offen zeigen.

Zentrum der gemeinsamen Arbeit blieb das Arbeitsbündnis mit der Mutter, die ihre Stabilität und Zuversicht trotz massiver Erschütterung behielt. Dies war auch das Ziel der Beratung. Auch die Beziehung zum Partner trug dazu bei und wurde durch gemeinsame Gespräche gestützt. Die Partnerschaft litt natürlich unter den Schatten der Vergangenheit. Aber die Gefahren von außen hatten, wie in der Beratung deutlich wurde, auch die Funktion, die Familie zu stärken, die sich dann wie in einer Festung (Horst-Eberhard Richter) fühlte. So bekam auch der neue Mann der Familie eine wichtige Rolle als Retter und Verteidiger der Familie und war in den ödipalen Phantasien von Michael nicht mehr wegzudenken. In der Arbeit mit Michael selbst war das Ziel weiterhin, ihm Vertrauen in eine Beziehung einzuflößen, in der er nicht streng geführt wurde, in der nicht die Schuldfrage im Vordergrund stand, sondern das Ziel, sich selbst verstehen zu lernen und sich anderen verständlich zu machen. Es war hilfreich für ihn, dass er eine sehr gute schulische Leistungsfähigkeit zeigte und sich so bewies, dass in ihm etwas Gutes steckt. Dies und die langfristige Beziehung zum Therapeuten verhalfen dazu, dass er sich immer offener und beziehungsvoller äußern konnte. Er erzählte von den ärgerlichen Attacken anderer auf ihn. Er reflektierte die eigene Wut darüber und seine Rachegedanken (die zur Selbstrechtfertigung von eigener Aggression dienten).

Im Rahmen der Beratungsarbeit war es möglich, dies in drei Familiensitzungen mit Mutter, Stiefvater, Michael und Bruder gemeinsam aufzuarbeiten. Seine großen Leistungen wurden erinnert und gewürdigt, seine Fortschritte, sich gegenüber anderen auszudrücken und für Beziehung zu sorgen, wurden benannt und auch die vielen Schwierigkeiten, mit denen er zu kämpfen hatte. Das festigte seine Stellung im System und auch die irritierten Eltern waren weiter bereit, an ihn zu glauben und ihn zu unterstützen.

Die Beratung bot ein weit gefächertes Angebot verschiedener Interventionsmöglichkeiten, die alle Beteiligten (allerdings mit Ausnahme des leiblichen Vaters) einbezogen.

Exkurs: Elternberatung in Fällen von häuslicher Gewalt und sexuellem Missbrauch

Gewalt in der Familie ist die am weitesten verbreitete Form der Gewalt, die ein Mensch in seinem Leben erfahren oder beobachten kann. Dies gilt in den weitaus meisten Fällen für die von ihren Partnern bedrohten Frauen.

Mehr als 40 000 Frauen flüchten jährlich bundesweit – teilweise auch mit ihren Kindern – in eines der mehr als 400 Frauenhäuser in Deutschland. Häusliche Gewalt ist ein Phänomen, das in unserer Gesellschaft sowohl von Opfern als auch von Tätern und Mitwissern (Nachbarn, Verwandten) nach außen hin häufig tabuisiert wird.

Für Kinder ist die Gewalt in der Familie häufig eine traumatisierende Erfahrung, selbst, wenn sie nicht unmittelbar von der Gewalt betroffen sind, aber in dem von Gewalt geprägten Umfeld aufwachsen müssen. Häusliche Gewalt bringt großes Leid über die Betroffenen und belastet das Zusammenleben in unserer Gesellschaft.

Durch das Gewaltschutzgesetz (s.u.) kann ein Opfer Häuslicher Gewalt mit Hilfe von Gerichten durchsetzen, dass es in der gemeinsamen Wohnung bleiben kann und der prügelnde Partner diese verlassen muss. Vor Gericht kann es eine vorläufige Schutzanordnung (Kontakt-, Näherungsverbot) oder eine Wohnungsüberlassung erwirken. Ein besonderes Problem in der Beratung von Opfern ist, dass sie sich dem Täter ausgeliefert fühlen. Sie schweigen oft jahrelang aus Angst vor dem gewalttätigen Peiniger. Hinzu kommt das Gefühl, mitschuldig am eigenen Unglück zu sein. Daraus resultieren Scham und das Bedürfnis, nach außen heile Welt vorzuspielen. Deshalb müssen die Opfer wissen, dass sie Hilfe erhalten. Beratung ist hier nicht nur als aufnehmendes Hören gefragt, sondern auch als tätige Hilfe z.B. durch Einbeziehung von Polizei, Opferhilfeeinrichtungen und Justiz. Wenn Kinder mit betroffen sind, ist die Benachrichtigung des Jugendamtes wichtig. Die Meldung sollte aber im Gespräch mit dem Opfer vorbereitet werden. Häufig werden

Meldungen von Opfern von diesen wieder rückgängig gemacht, weil sie in Bezug auf eine Trennung zwiespältig bleiben.

Die Vernetzung von Beratungsstellen mit den genannten Einrichtungen und Institutionen auf örtlicher Ebene ist in den letzten Jahren vorangetrieben worden. Sie fördert die Zusammenarbeit und das gemeinsame Vorgehen zugunsten der Opfer. Aber auch Behandlungsmöglichkeiten für Täter sind in vielen Regionen eingerichtet worden.

Gesetz zum zivilrechtlichen Schutz vor Gewalttaten und Nachstellungen (Gewaltschutzgesetz – GewSchG)

§ 1 Gerichtliche Maßnahmen zum Schutz vor Gewalt und Nachstellungen

(1) Hat eine Person vorsätzlich den Körper, die Gesundheit oder die Freiheit einer anderen Person widerrechtlich verletzt, hat das Gericht auf Antrag der verletzten Person die zur Abwendung weiterer Verletzungen erforderlichen Maßnahmen zu treffen. Die Anordnungen sollen befristet werden; die Frist kann verlängert werden. Das Gericht kann insbesondere anordnen, dass der Täter es unterlässt,

1. die Wohnung der verletzten Person zu betreten,

2. sich in einem bestimmten Umkreis der Wohnung der verletzten Person aufzuhalten,

3. zu bestimmende andere Orte aufzusuchen, an denen sich die verletzte Person regelmäßig aufhalten muss,

4. Verbindung zur verletzten Person, auch unter Verwendung von Fernkommunikationsmitteln, aufzunehmen,

5. Zusammentreffen mit der verletzten Person herbeizuführen, soweit dies nicht zur Wahrnehmung berechtigter Interessen erforderlich ist.

(2) Absatz 1 gilt entsprechend, wenn

1. eine Person einer anderen mit einer Verletzung des Lebens, des Körpers, der Gesundheit oder der Freiheit widerrechtlich gedroht hat oder

2. wenn eine Person widerrechtlich und vorsätzlich

a) in die Wohnung einer anderen Person oder deren
befriedetes Besitztum eindringt
oder
b) eine andere Person dadurch unzumutbar belästigt,
dass er ihr gegen den ausdrücklich erklärten Willen
wiederholt nachstellt oder sie unter Verwendung von
Fernkommunikationsmitteln verfolgt.
Im Falle des Satzes 1 Nr. 2 Buchstabe b liegt eine unzumut-
bare Belästigung nicht vor, wenn die Handlung der Wahrnehmung berechtigter Interessen dient.
(3) In den Fällen des Absatzes 1 Satz 1 oder des Absatzes
2 kann das Gericht die Maßnahmen nach Absatz 1 auch
dann anordnen, wenn eine Person die Tat in einem die
freie Willensbestimmung ausschließenden Zustand krank-
hafter Störung der Geistestätigkeit begangen hat, in den sie
sich durch geistige Getränke oder ähnliche Mittel vorüber-
gehend versetzt hat.

§ 2 Überlassung einer gemeinsam genutzten Wohnung

(1) Hat die verletzte Person zum Zeitpunkt einer Tat nach
§ 1 Abs. 1 Satz 1, auch in Verbindung mit Abs. 3, mit dem
Täter einen auf Dauer angelegten gemeinsamen Haushalt
geführt, so kann sie von diesem verlangen, ihr die gemeinsam genutzte Wohnung zur alleinigen Benutzung zu überlassen.
(2) Die Dauer der Überlassung der Wohnung ist zu befristen, wenn der verletzten Person mit dem Täter das Eigentum, das Erbbaurecht oder der Nießbrauch an dem Grundstück, auf dem sich die Wohnung befindet, zusteht oder die
verletzte Person mit dem Täter die Wohnung gemietet hat.
   Steht dem Täter allein oder gemeinsam mit einem Dritten das Eigentum, das Erbbaurecht oder der Nießbrauch an
dem Grundstück zu, auf dem sich die Wohnung befindet,
oder hat er die Wohnung allein oder gemeinsam mit einem
Dritten gemietet, so hat das Gericht die Wohnungsüberlassung an die verletzte Person auf die Dauer von höchstens
sechs Monaten zu befristen.

Konnte die verletzte Person innerhalb der vom Gericht nach Satz 2 bestimmten Frist anderen angemessenen Wohnraum zu zumutbaren Bedingungen nicht beschaffen, so kann das Gericht die Frist um höchstens weitere sechs Monate verlängern, es sei denn, überwiegende Belange des Täters oder des Dritten stehen entgegen.

Die Sätze 1 bis 3 gelten entsprechend für das Wohnungseigentum, das Dauerwohnrecht und das dingliche Wohnrecht.

(3) Der Anspruch nach Abs. 1 ist ausgeschlossen,

1. wenn weitere Verletzungen nicht zu besorgen sind, es sei denn, dass der verletzten Person das weitere Zusammenleben mit dem Täter wegen der Schwere der Tat nicht zuzumuten ist

oder

2. wenn die verletzte Person nicht innerhalb von drei Monaten nach der Tat die Überlassung der Wohnung schriftlich vom Täter verlangt

oder

3. soweit der Überlassung der Wohnung an die verletzte Person besonders schwerwiegende Belange des Täters entgegenstehen.

(4) Ist der verletzten Person die Wohnung zur Benutzung überlassen worden, so hat der Täter alles zu unterlassen, was geeignet ist, die Ausübung dieses Nutzungsrechts zu erschweren oder zu vereiteln.

(5) Der Täter kann von der verletzten Person eine Vergütung für die Nutzung verlangen, soweit dies der Billigkeit entspricht.

(6) Hat die verletzte Person zum Zeitpunkt einer Drohung nach § 1 Abs. 2 Satz 1 Nr. 1, auch in Verbindung mit Abs. 3, einen auf Dauer angelegtengemeinsamen Haushalt mit dem Täter geführt, kann sie die Überlassung der gemeinsam genutzten Wohnung verlangen, wenn dies erforderlich ist, um eine unbillige Härte zu vermeiden. Eine unbillige Härte kann auch dann gegeben sein, wenn das Wohl von in Haushalt lebenden Kindern beeinträchtigt ist. Im Übrigen gelten die Absätze 2 bis 5 entsprechend.

§ 3 Geltungsbereich, Konkurrenzen

(1) Steht die verletzte oder bedrohte Person im Zeitpunkt einer Tat nach § 1 Abs. 1 oder Abs. 2 Satz 1 unter elterlicher Sorge, Vormundschaft oder unter Pflegschaft, so treten im Verhältnis zu den Eltern und zu sorgeberechtigten Personen an die Stelle von §§ 1 und 2 die für das Sorgerechts-, Vormundschafts- oder Pflegschaftsverhältnis maßgebenden Vorschriften.

(2) Weitergehende Ansprüche der verletzten Person werden durch dieses Gesetz nicht berührt.

§ 4 Strafvorschriften

Wer einer bestimmten vollstreckbaren Anordnung nach § 1 Abs. 1 Satz 1 oder 3, jeweils auch in Verbindung mit Abs. 2 Satz 1, zuwiderhandelt, wird mit Freiheitsstrafe bis zu einem Jahr oder mit Geldstrafe bestraft. Die Strafbarkeit nach anderen Vorschriften bleibt unberührt.

3. Probleme der spezifischen Thematik: Was bedeutet es Eltern zu sein

Eltern zu sein bedeutet etwas Neues im Leben. Die Identifikation mit dem neugeborenen Kind führt zu einem Wiedererleben der selbst einst erfahrenen frühen Abhängigkeit zu den eigenen Eltern. Dabei erleben gerade die Mütter eine Verletzbarkeit und Labilität, die auch damit zu tun haben mag, dass sie selbst an nicht-sprachliche, gefühlsmäßige Erlebnisse erinnert werden, und die frühen Erfahrungen der Mutter beeinflussen nun das Vertrauen in das eigene Vermögen, dem Kind eine Atmosphäre von Geborgenheit und Sicherheit zu bieten. Oft kann der Partner diese Schwierigkeiten zwischen Mutter und Baby ausgleichen (Annalena Isaksson 2009, 337f).

Es scheint für viele Mütter und Väter aus sehr divergierenden Gründen schwer zu sein, aus einer nivellierenden »Geschwister-Gesellschaft« heraus zu einer elterlichen Identität zu finden. Was als »mütterlich« und »väterlich« zu gelten hat, ist nicht mehr so klar durch Tradition und Übereinkunft geregelt und muss stets von Neuem ausgehandelt und erarbeitet werden (R. Ahlheim 2009, 361).

Viele Erwachsene, die heute Kinder haben, wirken nicht sehr erwachsen, weder sehr selbstdistanziert noch sehr zielstrebig, weder fähig zum Bedürfnisaufschub noch in der Lage, Verantwortung zu übernehmen. Dies wird von manchen Autoren (Gaschke, 14) als Nebenfolge der Achtundsechziger-Generation diagnostiziert, die eine latente Feindseligkeit gegen gewachsene Strukturen und Traditionen jeder Art erzeugt hat, eine Verunglimpfung der zivilisierenden Umgangsformen, die Relativierung aller Tabus und die Entwertung von Liebesbeziehungen zu Konsumgütern (Gaschke, 22). Die von

dieser Einstellung beeinflussten Eltern lassen ihre Kinder
aufwachsen, als wüssten diese selbst, was gut für sie sei. Demgegenüber wird von vielen Autoren gefordert, dass Kinder
starke Eltern haben sollen. Entsprechende Elternkurse sorgen
mit klaren Erziehungsregeln und auch mit einer Nacherziehung der Eltern für die Umsetzung.

Eltern sind unter Druck, weil die »heutige« Erziehung angeblich begünstigt, dass das Kind sich zum Tyrannen entwickelt (Winterhoff) und zu wenig Konsequenz bereit hält. Es
wird kritisch angemerkt, dass die Eltern das Kind wie einen
Partner behandeln und damit überfordern. Bei einer zunehmenden Zahl von alleinerziehenden Müttern ist diese Fehl-
einschätzung der Mutter-Kind-Beziehung verständlich. Aber
das Fehlen einer Hierarchie in der Beziehung erzeugt auf
Seiten des Kindes Unhöflichkeit und Entwertung des erwachsenen Gegenübers. Das Kind hört alles mit, redet dazwischen,
wenn andere Erwachsene zu Besuch sind, öffnet die Post der
Mutter etc. (93ff). Dieses »Partnerschaftskonzept« wird mit
Recht kritisch angesehen, weil es dem Kind die Orientierung
an vorgegebenen Strukturen nimmt und ihm so einen Ent-
wicklungsraum raubt, der nur durch Vorgaben der Eltern und
deren Autorität möglich ist. Eltern wird in der Ratgeberliteratur vorgeworfen, dass sie auf Grund eigener Bedürftigkeit
die Kinder missbrauchen, indem sie von ihnen Bestätigung
und Orientierung erwarten (Projektion eigener Bedürfnisse
auf das Kind) und sich als ein Teil von ihnen erleben (Sym-
biosevorstellung). »Um die egoistische Lustbefriedigung zu
erreichen, missbrauchen wir die Seelen unserer Kinder auf
den Stufen der Partnerschaftlichkeit, Projektion und Symbi-
ose« (183). Autorität und Hierarchie werden als traditionelle
Werte hervorgehoben. Das erwachsene Gegenüber wird zur
Formung der kindlichen Psyche aufgefordert (184). Auch
diese gesellschaftliche Sicht von Erziehung setzt Eltern unter
Druck.

Elternberatung kann nicht die Aufgabe haben, diesen
Druck zu unterstützen. Sie soll keine Nacherziehung der Eltern darstellen, wohl aber ein Bewusstsein für die Wurzeln

eigener Beweggründe und Erziehungseinstellungen ermöglichen und die Überzeugung von eigener Wirkmächtigkeit bei
den Eltern unterstützen. Aus Erziehungsschwäche soll Stärke
werden. Eltern werden in der Beratung stark, wenn man ihre
Ressourcen sucht und bestätigt. Die Eltern finden in der Beratung eine empathische Begleitung und eine Stützung ihrer
eigenen Ressourcen. Berater oder Beraterinnen werden also
nicht in erster Linie Expertenratschläge geben und werden es
vermeiden, die Ratsuchenden in eine passive Rolle als Empfänger der Hilfe des Fachmannes zu bringen.

Beratung hat das Ziel, die Eltern zu unterstützen, damit sie
ihre Funktion erfüllen und dabei gesund und zuversichtlich
bleiben. Sie hat aber auch das Ziel, den Kindern über den Weg
der Kompetenzerweiterung der Eltern zu helfen. Zudem wird
die Aufrechterhaltung und Verbesserung des Systems Familie
angezielt.

Elternschaft soll in der Beratung als Aufgabe der verantwortlichen Leitung und der einfühlenden Beziehung gleichermaßen verstanden werden. Mit Konsequenz und Wertschätzung können Eltern die Generationsgrenze wahren und
auch die Zuneigung und Anerkennung der heranwachsenden
Kinder gewinnen.

Exkurs: Groß-Elternschaft

Während die Großeltern-Elternbeziehung spannungsgeladen
und konflikthaft sein kann, muss die Beziehung Großeltern-
Enkelkinder hiervon keineswegs tangiert sein. Es sind eher
spannungsarme Beziehungen zu beobachten.

Es wird wohl keine Großeltern geben, die vorher gefragt
werden, ob sie solche werden wollen. Zu Großeltern werden
wir gemacht.

Dieses Geschenk im fortgeschrittenen Alter kann sehr
schön sein, weil das Enkelkind ein Aufschein neuen Lebens
ist, vielleicht auch ein neuer Lebensinhalt. Wir träumen von

gemeinsamen Unternehmungen mit dem Enkel und diese
wirken wie eine Chance, noch einmal Elternschaft zu erleben,
wenn auch mit gehörigem Abstand.

Vielleicht sind manche Großeltern auch geschockt, weil die
Enkel so früh oder so überraschend kamen und weil sie durch
das Enkelkind auf ihr Alter hingewiesen werden. Die neue
Generation zeigt der alten ihre Endlichkeit auf.

Es mag auch Großeltern geben, die erst einmal verunsichert sind, weil sie Versäumnisse in ihrer Elternschaft entdecken (so viel Zeit habe ich mit meinem Kind nicht gehabt!)
oder weil sie befürchten, im Umgang mit dem Enkelkind
etwas falsch zu machen.

So oder so bietet das Enkelkind die Möglichkeit, noch einmal das eigene Leben zu überdenken und die Beziehung zum
Kind, das nun Mutter oder Vater geworden ist, zu reflektieren
und überhaupt zu überlegen, was einem im Leben wichtig ist.
Bei den nun deutlichen Unterschieden in den Erziehungs-
stilen müssen die Großeltern an sich halten und sehen auch
mit Erstaunen, welche Ideen und welche neuen Formen von
Reaktionen auf das Kind die Eltern zeigen: So kann man es
ja auch machen. So sorgfältig ist unsere Vorbereitung nicht
gewesen. Diese Begleitung der anscheinend allwissenden
Hebamme haben wir doch gar nicht genossen!
Und die jungen Eltern sind vielleicht auch froh:
sie werden bei der Kinderbetreuung entlastet.
Sie können ihre Eltern und die Beziehung zu ihnen noch einmal neu erleben, nun selbst als Mutter und Vater.
Sie können – mit Abstand – mit ihren Eltern auch die gemeinsame Geschichte besprechen und neu verstehen.

Die Großeltern genießen Elternfreuden auf Distanz und das
ist zunächst die reine Freude. Tatsächlich allerdings übernehmen sie ein Stück Verantwortung: sie spielen Babysitter
oder Ersatzeltern, springen ein, wenn die Mütter mal krank
sind oder Ferien machen, sind da, wenn ein weiteres Baby
geboren wird. Die Verantwortung, die sie haben, ist eine mehr
ideelle als eine rechtliche. Sie stellen für die Enkel im Prozess

der Wandlungen äußerer Geschehnisse (mit Unsicherheiten, Scheitern, Verlorenheit, politischen Veränderungen, Wirtschaftskrisen und Katastrophen) ein beruhigendes und sichernd konstantes Element dar. (vgl. Massing et al. ebenda 81)

Gegenüber den vom Existenzkampf geprägten Eltern, ihrer Angst und Zeitnot können sie ruhiger sein, weil sie keine Angst mehr haben, ökonomisch zu scheitern, sie haben in der Regel den beruflichen Konkurrenzdruck hinter sich. (ebenda)

Sie werden Traditionsübermittler, weil sie ihre Einstellungen zu wichtigen Erfahrungen des Kindes mitteilen – nicht zuletzt auch religiöse Überzeugungen.

Das kann nicht bedeuten, dass Großeltern die religiöse Erziehung ihrer Enkel übernehmen, denn diese gehört zu den Aufgaben der Eltern. Aber Enkelkinder hören genau hin, wenn die Großeltern aus ihrem Leben und Erleben erzählen und sie können davon profitieren, wenn diese über ihren Glauben erzählen.

Sie werden Vermittler zwischen den Generationen, denn sie können von der Kindheit der Eltern erzählen und so den Kindern einen Einblick in das Leben dieser Eltern gewähren.

Geschichte und Geschichten sind in der postmodernen Generation zwar angeblich unattraktiv geworden, weil der Event alles ist, was begehrt wird. Aber Kinder sind immer interessiert an persönlicher Geschichte, wenn sie mit ihnen in Verbindung steht. Die Großeltern sollten also Bilder zeigen und die Wurzeln der Familie deutlich machen, wenn die Enkel sich interessiert zeigen. Das eröffnet diesen die Mehrgenerationenperspektive, die auch das Verständnis für Familiengeheimnisse und -normen klären kann.

Sie können Altersmodelle sein und den Kindern zeigen, wie es ist, alt, auch krank und dem Sterben nah zu sein.

In der Regel ist es ja so, dass Kinder zunächst durch das Altwerden der Großeltern etwas über den letzten Abschnitt des Lebens erfahren und Anteil daran nehmen. Das Erlebnis von Krankheit und auch von Tod kommt ihnen hier nahe und macht sie reif. Gut ist es, wenn die Großeltern selbst für das, was sie erleben auch kindgemäße Worte finden und zeigen, dass das schwächer werden und auch das Sterben zum Leben dazu gehört.

Sie zeigen Gelassenheit gegenüber Moral: bei ihnen darf das Kind, was sonst verboten ist und repräsentieren so innere Freiheit gegenüber engen Normen (hoffentlich ohne die Eltern zu ärgern!).

Es ist ein Genuss und eine Befreiung, wenn es bei den Großeltern mal anders zugeht als im Alltag bei den Eltern. Zwar ist es wichtig, dass Eltern und Großeltern sich darin einig sind, dass dies eine Ausnahmesituation ist, vielleicht beschränkt auf ein Wochenende und dass sie es dem Kind (oder den Kindern) auch deutlich sagen: »zu Hause, im Alltag, geht es anders zu«. Aber dass es im Leben auch anders sein kann, als zu Hause, das ist eine wichtige Erfahrung, die vielleicht später Mut dazu macht, in die Welt zu gehen und sich nicht am Nest festzuklammern.

Sie sind weise Ratgeber, denn sie haben Abstand gegenüber drängenden Problemen im Alltag und können ihre lange Erfahrung in das Gespräch mit dem Kind einbringen.

Nachdem die Generationsauseinandersetzungen ausgestanden sind, und das ist häufig mit der Geburt des Enkelkindes geschehen, können die jungen Leute wieder fragen, wie etwas geht und wie die älteren es selber früher gemacht haben. Sie können wieder Anteil am Schatz der Erfahrung und des Wissens der Eltern nehmen. Das ist eine neue Ära im Zusammenleben der Generationen. Für die Kleinen ist es gut zu erleben, dass es da noch eine weitere Ebene hinter dem Leben mit den Eltern gibt. Sie sind eine Alternative zu den Eltern in allem, was sie können, tun, sagen und darstellen.

Solche Alternativen, selbst wenn sie zu Auseinandersetzungen über den Erziehungsstil führen, sind für das Enkelkind hilfreich. Es lernt früh sich auf soziale Realitäten und auf unterschiedliche Sichtweisen einzustellen und es lernt abzuwägen – freilich nur, wenn die Auseinandersetzungen nicht zu Erbitterung, Druck und Rechthaberei führen. Auch das kann man als Berater erleben, dass Großeltern in Versuchung kommen, das Enkelkind mit vielen Sondergeschenken und

Geld an sich zu binden und damit den jungen Menschen in eine Zerreißprobe führen.

Es ist wichtig, dass Großeltern sich nicht in die Pflicht nehmen lassen, weil sie dann ihre Freiheit und Gelassenheit verlieren können.

Manchmal allerdings geht das nicht anders. Es gibt ja die so genannte ambulante Großmutter, die von Enkelkind- zu Enkelkind-Familie reist, um hier und dort auszuhelfen. Ich habe auch schon Großeltern erlebt, die ihr Enkelkind ohne die Tochter aufziehen mussten, weil diese durch Drogensucht oder andere Probleme nicht dazu in der Lage war. Dann verändert sich die Verantwortung der Großeltern grundlegend. Auch die Beziehung zur Tochter verändert sich dann. Sie wird ja in gewisser Weise deklassiert und erlebt mit großer Ambivalenz, dass die Großeltern es besser machen als sie, obwohl sie doch ihr Kind auch liebt und an sich binden möchte.

Es ist wichtig, dass sie nicht der Versuchung erliegen, zu Konkurrenten der Eltern in der Erziehung zu werden. Sie haben manchmal vernünftigere Ansichten, aber sie sind nicht in vorderster Linie mit dem Kind konfrontiert wie die Eltern.

Ich habe leider auch schon erlebt, dass die Großeltern der eigenen Tochter das Kind regelrecht abgenommen haben, weil sie die junge Mutter nicht für zuverlässig hielten, in Wahrheit aber (zumindest auch), weil sie das kleine Kind für sich haben wollten.

Ratschläge an die Eltern können dann gut wirken, wenn sie erbeten sind. Sonst helfen sie in der Regel nicht.

Es gibt leider auch viele leidvolle Berichte von jungen Eltern, die mit den Großeltern zusammenleben und – auch wegen der räumlichen Nähe und der wirtschaftlichen Abhängigkeit – keine Achtung und Anerkennung erfahren und sich deshalb nicht wohl fühlen, wenn sie ihre Kinder zu den Großeltern gehen lassen.

Über das Leben des Kindes, die Regeln des Zusammenlebens, die Betreuung und Versorgung bestimmen die Eltern. Die Großeltern sollten sich da zurückhalten.

Großeltern sollten sich nicht von den eigenen Kindern zu

Opfer von deren Nöten (z.B. Zeitnöten) machen lassen. Sie müssen nicht immer da sein. Sie dürfen auch »Nein« sagen, wenn sie um einen Einsatz gebeten werden.

Aber ehe wir ins Gespräch kommen über die kleinen und manchmal auch großen Konflikte der Großeltern mit Enkeln oder deren Eltern, sei festgehalten, dass es zu den Höhepunkten eines Lebens gehört, wenn man von einem kleinen Wesen noch einmal lieb gehabt und geschätzt wird und wenn das Enkelkind sagt. »Oma (oder Opa), ich brauch dich!«

Shakespeare hat König Richard III. sprechen lassen: »Großmutter heißen ist kaum minder lieb als einer Mutter innigsüsser Name.« (Richard III, 4.4)

Die Beratung von Großeltern wird meistens veranlasst durch Auseinandersetzungen mit den Eltern um die Erziehung, durch Eltern, die ihrer Verantwortung nicht gerecht werden und zunehmend die Aufsicht und Pflege der Kinder den Großeltern überlassen und durch eifersüchtige Kämpfe um die Liebe der Kinder. Hier ist der Berater gezwungen, die Generationsgrenzen deutlich zu machen, die Verantwortung der Eltern zu betonen und die Großeltern zur Wahrnehmung ihrer »Libero-Rolle« zu ermutigen.

4. Theologische Reflexion der seelsorglichen Situation

In dem 2008 in Frankreich gedrehten Film *LOL* entdeckt die alleinerziehende Mutter das Tagebuch ihrer 15jährigen Tochter und lässt sich hineinziehen in den Strudel der Gefühle einer Pubertierenden, die mit der Liebe, Drogen und heimlichen Verabredungen experimentiert. Die Mutter ist schockiert, aber sie setzt sich bei ihrer Psychotherapeutin auch mit ihren Schuldgefühlen auseinander. Sie ist hin- und hergerissen zwischen ihrer Aufsichtspflicht als Mutter, die sie vernachlässigen könnte und dem Verrat an der auf Intimität und Vertrauen hoffenden Tochter.

Die Frage nach der Verantwortung ergreift Eltern häufig schon kurz nach der Geburt, wenn sie das kleine Kind im Arm halten und das Gefühl haben, es nicht vor den Gefahren in der Welt bewahren zu können und mit diesem Gefühl auch die Taufe planen, damit ein omnipotentes Wesen Tochter oder Sohn begleitet und ihnen hilft. Da schwingt schon das Gefühl mit, vielleicht nicht zu genügen und mit einem Fehler das Leben des Kindes oder sein Wohl zu gefährden.

»Was habe ich denn falsch gemacht?« so beginnen Eltern häufig eine Beratung in kritischen Situationen ihrer Erziehung. Sie fühlen sich schuldig, wenn etwas schief geht in der Entwicklung. Die Eltern geraten unter Druck, weil sie – besonders in den Phasen der Verselbständigung ihrer Kinder, also beim Entwickeln von Eigensinn und Identität (Trotzphase, Pubertät) – ihre eigene Position bestimmen müssen. Dabei wird häufig deutlich, dass die Schuldgefühle der Eltern schon in ihrer eigenen Kindheit angelegt wurden. Sie gehen auf das kindliche Gefühl zurück, nicht genug für die Eltern

getan zu haben, also »böse« zu sein. Dieses unbestimmte
Schuldgefühl hängt mit den Omnipotenzphantasien des Kindes zusammen. Das Gefühl, böse zu sein, kommt gar nicht
unbedingt bei behütet aufgewachsenen Menschen vor, die
sich mit den meistens lieben Eltern auseinandersetzen, sondern eher noch bei nicht gut gehaltenen. Das von den Eltern
verlassene, bedrohte, vielleicht gar traumatisierte Kind neigt
ja dazu, sich selbst für verantwortlich zu halten für die Handlungen der Eltern. Es entschuldigt diese und erklärt eher sich
selbst für schlecht. Wenn solche »schlechten« Kinder Eltern
werden, neigen sie dazu, sich auch wie schlechte Eltern zu
fühlen und so zu handeln. Es ist zwar nicht zwangsläufig so,
dass sich die Überforderungs- und Schuldgefühle so tradie-
ren, weil die Ressourcen vieler Eltern ihnen Veränderungen
ermöglichen (s.u.), aber die Verhaltensmodelle der Eltern
beeinflussen die nächste Generation. Vor allem körperliche
Übergriffe kommen in Augenblicken der Überforderung und
Verzweiflung zustande und erzeugen Schuldgefühle. Schuldgefühle haben mit der Scham zu tun, die dann auftritt, wenn
ein Mensch sich nicht richtig, nicht akzeptabel fühlt.

Die große Bedeutung von Schamgefühlen für das menschliche Erleben und auch für die Entwicklung von psychischen
Störungen wird erst in letzter Zeit von der Psychoanalyse
untersucht. Es ist die Scham, die am nachhaltigsten zum
Schweigen und zur Abwehr in der Psychotherapie führt. »Je
schroffer die Individualität mißachtet, je rücksichtsloser der
andere einen zu seinen Zwecken mißbraucht und je mehr
man als Objekt, als Gegenstand behandelt wird, desto tiefer,
desto umfassender« empfindet man Scham (L. Wurmser) Da
ist selbst die Schuld von Kain besser zu ertragen als dieses
tiefe Gefühl, der eigenen Individualität, des Selbstwerts und
des Selbstzwecks beraubt zu sein. Weil die Scham so schwer
zu ertragen ist, muss Kain Abel töten und sich so wieder als
ein Subjekt fühlen. Er ist zwar schuldig, aber er ist wieder wer,
wird wieder angesehen, hat gar eine gewisse Unverwechsel-
barkeit durch das Zeichen, das ihm Gott gibt.

Die Gewalt ist ein Versuch, den Selbstwert wiederherzustellen. »Die Scham geht im Schuldgefühl unter.«(vgl. E.H. Erikson nach Till Bastian et al.)

So wie es hier von einem Bruderkonflikt berichtet wird, so ist auch die Beziehung zwischen Eltern und Kindern häufig von heftigen Auseinandersetzungen geprägt, in denen Überforderung und Minderwertigkeitsgefühle, aber auch Konflikte zwischen Stolz und der Angst vor dem Verlust der Ehre, der folgenden Scham und der Schuld eine Rolle spielen.

Die Dynamik, die sich auf solchem Hintergrund entwickelt, erinnert an unglückliche Liebesbeziehungen. Beide Seiten reagieren höchst empfindlich aufeinander und ziehen sich schließlich voneinander zurück. Anstelle eines liebevollen Bezuges entwickeln sich Machtkämpfe, bei denen es nur Gewinner und Verlierer geben kann, wobei der Gewinner mit dem Triumph des Sieges gleichermaßen Schuldgefühle anhäuft. Eltern, in denen verdeckte Kinder agieren, können sich häufig nicht durchsetzen, selbst wenn sie noch so streng sind. Auf dem Hintergrund alter Schuldgefühle können sie häufig ihre Position nicht stimmig vertreten, weil sie in diesem Zusammenhang weder mit sich noch mit dem Kind in Verbindung sind. Reale Kinder spüren, dass ihnen an dieser Stelle das Gegenüber fehlt und fordern Eltern weiter heraus, werden zu Monsterkindern, die in unangemessener Weise Raum einnehmen und Macht ausüben. An dieser Stelle helfen keine Erziehungsratschläge, sondern eher eine Erforschung der zugrunde liegenden Schulddynamik. Erst wenn solcherart Verstrickungen beleuchtet und bearbeitet worden sind, wird es Eltern möglich, sich tatsächlich mit der Elternposition zu identifizieren – was bedeutet, die Elternschaft gleichermaßen für das innere wie für das reale Kind zu übernehmen.

Häufig verstellen Leistungsdruck und gängige Erklärungsmuster den Weg in ein tieferes Verständnis. Eltern fürchten eher, dass ihnen ihre Fehler nachgewiesen werden, projizieren ihre eigenen Verurteilungen auf den/die BeraterIn und tun sich schwer damit, Unterstützung wahrzunehmen. In der Beratung geht es mir in der Regel zunächst darum, die Eltern in ihrem So-sein anzunehmen, ihnen das Gefühl zu geben, dass sie wohl nicht immer ideal sind, aber dass ihre Handlungsmuster verstehbar und nachvollziehbar sind. Ziel ist es nicht, dass Eltern perfekt sind, sondern dass sie »genügend gut« (good enough nach Winnicott, 20) sind. Das ermöglicht ihnen dann auch letztlich, sich mit den eigenen Eltern zu versöhnen, die ihnen in vielfältiger Weise weh getan haben, die sich aber auch um die Wahrnehmung ihrer Verantwortung bemüht haben mögen. Das generationsübergreifende Verständnis für die Schwere der Verantwortung in der Elternschaft kann neue Akzeptanz begründen. Dazu müssen die Eltern in der Beratung verstehen, was mit ihnen geschehen ist und in welcher Situation ihre Eltern gewesen sind. Erst mit diesem Verstehen können sie sich richtig und gut (im Sinne von gerechtfertigt) fühlen. »Ehe man seine Vergangenheit nicht verträgt, ist die Vergebung nicht recht geglaubt.« (Jochen Klepper).

Ich muss also als BeraterIn wie auch als SeelsorgerIn darauf achten, dass die Eltern in der Beratung zunächst einmal sich selbst und dann auch ihrem Umfeld zugestehen, dass sie erträglich sind, was nicht heißt, dass ich die schlimmen Erfahrungen mit den Eltern oder meine eigenen vermeintlichen Schwächen verleugne oder vergesse: »Einem Menschen vergeben heißt nicht, das, was er getan hat, für ungeschehen erachten, nicht wahrhaben wollen oder schlicht vergessen. Vergeben kann unter Umständen bedeuten, gerade nicht zu vergessen. Vergeben heißt: die Vergangenheit eines anderen keinen Einwand dagegen sein zu lassen, daß ich ihn annehme. Vergebung heißt nicht das Ja zu einer vergangenen Schuld, wohl aber das Ja zu einem Menschen mit seiner vergangenen Schuld.« (Otto Hermann Pesch).

Dieser Spruch zeigt die Notwendigkeit auf, Schuld nicht vorschnell anzunehmen oder zuzuweisen, sondern eine Beziehungsarbeit zu leisten, in der ein Mensch etwas als seine Schuld erkennen kann und sie in seiner biografischen Vergangenheit entdeckt. Darauf hat schon Klaus Winkler 1997 (353ff) hingewiesen. Schuld kann im Unterschied zu Schuldgefühlen häufig nur als theologischer Ausdruck für eine besondere Verantwortung vor Gott angenommen werden. Wer seine grundsätzliche Schuldfähigkeit gegenüber Gott (Sünde) akzeptiert, der kann auch ein Verantwortungsgefühl entwickeln und in die Lage kommen, Vergebung anzunehmen. Vergebung im Rahmen der Seelsorge ist als ein Akt zu verstehen, der alle zwischenmenschlichen Beziehungen nicht nur einem zunehmenden Verstehen verdankt, sondern im Glauben ein ebenso beziehungsstiftendes wie beziehungserhaltendes Handeln Gottes voraussetzt (Winkler a.a.O., 412). Diese Erfahrung und Zusage der Treue Gottes (zunächst in der Gestalt und Vermittlung des Seelsorgers) ist die Voraussetzung dafür, dass Schuld wahrgenommen und benannt werden kann. Das Evangelium – sei es in verbaler, sei es in nonverbaler Gestalt – ermöglicht die Erkenntnis der Schuld (Klessmann, 240).

Die dadurch mögliche umfassende Versöhnung mit sich selbst und mit dem eigenen Umfeld ermöglicht es, den Blick nach vorn zu richten. Nicht die Verschiebung von Verantwortung oder gar die Schuldzuschreibung hilft weiter, sondern das Bewusstsein für die wirkliche Situation (Gestalttherapeuten sagen »Es ist, wie es ist«) und der Blick nach vorn: In Johannes 9, Vers 2 fragen die Jünger bezüglich eines blind geborenen Mannes: »Wer hat gesündigt, dieser oder seine Eltern, dass er blind geboren ist?« Sie deuten damit an, dass die Problematik des Mannes eine Folge von unzureichendem Glaubensleben der Eltern ist. Jesus dagegen sagt: »Es hat weder dieser gesündigt noch seine Eltern, sondern es sollen die Werke Gottes offenbar werden an ihm« und er heilt ihn. Mit diesem Blick nach vorn wird Rechtfertigung als Akzeptanz des Sünders (nicht der Sünde) praktiziert und eine Grundlage für Heil und Heilung gelegt.

Martin Luthers Frage »Wie bekomme ich einen mir gnädigen Gott« wird heute nicht mehr verstanden. Aber für Eltern, die sich in einer auf Leistung und Erfolg ausgerichteten Gesellschaft für ihren Misserfolg, ihre Niederlagen, ihre Schwächen verantworten müssen, ist die Aussage wichtig, dass der Mensch einen Wert hat und eine Würde vor Gott jenseits seiner erbrachten Leistungen. Wenn ein Berater oder Seelsorger den an sich verzweifelnden Eltern vermitteln kann, dass Gott ihnen die Zusage gibt: Du bist wertvoll, ganz gleich was du leistest, deine Lebensplattform ist ein Gott, der uns in Christus mit Liebe begegnet, dann kann das Entlastung und Erlösung bedeuten und es nimmt den Druck von den Eltern.

Eine solche Annahme, die als Liebe Gottes geglaubt werden kann und nur durch den Glauben Wirkung erhält (Rechtfertigung), kann allerdings nur in einer Beziehung vermittelt werden, in der die Annahme des Anderen menschlich spürbar werden kann. »Heilung geschieht aus der Begegnung« so hat auch der Dialogphilosoph Martin Buber gesagt. Das also ist die Aufgabe einer seelsorglichen Beratung. Der einzig wirklich entscheidende Faktor in der Beziehung zum schuldbeladenen Menschen ist Annahme des Patienten durch den Therapeuten bzw. des Ratsuchenden durch den/die BeraterIn. Diese Annahme bedeutet Offenheit für den Menschen, was immer er auch darstellt. Der Berater oder Seelsorger muss versuchen, eine Beziehung aufzubauen, in der der ablehnende und der abgelehnte Teil des Selbst betrachtet, verstanden und in seiner ganzen Bedeutung integriert oder verändert wird. Dabei ist Annahme nicht mit Billigung gleichzusetzen (Die Gnade gilt dem Sünder, nicht der Sünde). (vgl. Edward v. Stein, 181f)

> Eine Frau wurde in eine psychiatrische Klinik eingeliefert, weil sie versucht hatte, sich und ihre Kinder zu töten. Ihre Kinder starben, aber sie selbst überlebte, mit völliger Amnesie für die Tragödie. Sie verdrängte, was sie getan hatte, und damit auch das Gefühl der Schuld. Aber es war ihre Schuld, die die Erinnerung an die Tat unerträglich machte. Ein Therapeut würde versuchen, ihre Schuldgefühle zu verringern, um ihr Gedächtnis wiederherzustellen. Der religiöse Therapeut dagegen müsste sie in die Lage versetzen, ihre Schuld offen anzuerkennen und zu bekennen. Man darf jedoch nicht vergessen, dass die Patientin ihre Erinnerung erst ertragen kann, wenn sie ihre Schuld ertragen kann und sie diese wiederum nicht ertragen kann, bevor sie sich nicht vergewissert hat, dass sie vom Therapeuten wirklich angenommen ist. Wo auch immer der Platz für Buße und Sühne in der Therapie sein mag, diese grundlegende Annahme kommt, *bevor* Bekenntnis möglich ist. (Carol Murphy nach E.v. Stein, 182f)

Berater und Seelsorger erleben sich ihrerseits in der Beziehung zum Ratsuchenden als Menschen, die Unterstützung und Stärkung brauchen. Diese bekommen sie manchmal auch von dem, dem sie helfen wollen. Ich habe oft genug erlebt, dass ich skeptisch in ein Haus hineingegangen bin und überlegt habe, was ich den Bewohnern bringen kann und dann als einer herausgekommen bin, dem etwas gebracht wurde. Oft genug habe ich den Anspruch gehabt, dem Anderen etwas von meinem Reichtum an Wissen und Ideen abzugeben und bin gegangen als einer, der bereichert wurde durch das, was im Gespräch geschehen ist.

»Wer Hilfe gibt, erfährt auch Hilfe« (P. Tillich, 316).

Seelsorge ist dementsprechend ein Geschehen, das beide Gesprächspartner erfassen und beide beeinflussen kann. Ich gehe davon aus, dass bei diesem Geschehen die Übertragung von Beziehungserfahrungen und -wünschen, aber auch die Transzendierung dieser Einstellungen beider Partner eine wichtige Rolle spielen. Im Gespräch des Seelsorgers am Krankenbett wird die Hoffnung auf Heilung und Hilfe nicht nur vom Gegenüber erwartet, sondern auf eine übergreifende, die menschliche Vorstellung übersteigende Macht externalisiert. Diese Hoffnung kann sich auf die unfassbare Macht Gottes beziehen oder auf die persönlich erfahrene Nähe zu Jesus Christus, dem Menschensohn, der gerade im Leiden als Bruder erfahren wird.

Wer als Seelsorger oder Seelsorgerin diese Perspektive hat, der wird nicht auf seine therapeutische Professionalität allein vertrauen. Er weiß um die Erlösungsbedürftigkeit dieser Welt und weiß, dass es bei der Seelsorge um ein beidseitiges Suchen nach Heil geht. Insofern ist Seelsorge keine einseitige Hilfe für den anderen Menschen, sondern eine solidarische Kommunikation (s. dazu H. Luther, 238).

Gleichwohl halte ich eine gute Ausbildung von Seelsorgern und Beratern, in der sie auch die eigenen Beweggründe für ihr seelsorgerliches Tun überprüfen und versuchen, den Einstellungen ihrer Gesprächspartner gerecht zu werden, für unverzichtbar.

5. Grundlegende Techniken

Die gesellschaftskritische Sicht von Erziehung (s.o.) hat viele Eltern erreicht und verunsichert. Zusammen mit den Bemühungen der Super-Nanny bewirkt sie eine Verstärkung von elterlichen Prinzipien wie Abgrenzung, Konsequenz und Nachhaltigkeit, die an sich nicht falsch sind, aber die häufig auch zu feindseligen Auseinandersetzungen gerade mit pubertierenden Kindern führt. Es scheint mir wichtig, dass Eltern Stärke statt autoritärem Gehabe vermitteln (Konsequenz und Nachhaltigkeit an Stelle von Machtkampf und Auftrumpfen). Ziel der Elternberatung ist von daher die Arbeit am Selbstbewusstsein und an der Überzeugung der Erwachsenen von ihren Erziehungszielen, sowie an ihrem Interesse an der Erhaltung einer liebevollen Beziehung zum Kind. Die Eltern brauchen dazu Unterstützung und Anleitung.

Eltern und Beraterin oder Berater müssen miteinander eine Passung erreichen, wenn sie gut zusammen arbeiten wollen. Unterschiedliche Einstellungen und Lebenserfahrungen können Fremdheitserleben erzeugen. Die Berater kann dieses Erleben neugierig machen auf die Andersartigkeit des Gegenübers. Allerdings kann die Andersartigkeit des Klienten auch verhindern, dass eine grundsätzliche Sympathie entsteht. Dann ist die Beratung schwierig. Vom Berater ist allerdings auch eine professionelle und persönliche Befähigung zur Arbeit zu erwarten:

»Der *Begegnungscharakter aller beraterischen Aktivitäten* setzt die Fähigkeit und Bereitschaft der BeraterInnen voraus, sich auf alle Lebenslagen von Bedürftigkeit der Ratsuchenden einzulassen, er verlangt im Kontakt mit den Ratsuchenden und ihren Konflikten Beziehungsfähigkeit, Berührbarkeit und eine Grundhaltung von *Offenheit und Respekt, persönliches und fachliches Interesse* an der Einmaligkeit des Gegenübers, *Phantasie und Kreativität* in Bezug auf Lösungs- und Veränderungsversuche.« (Roessler, 71 f).

5.1 Neue Autorität

Ein Konzept, das Beratern oder Seelsorgern helfen kann, Eltern in diesem Sinn zu unterstützen, ist die »Neue Autorität« als Rahmen für Bindung. Haim Omer und Arist von Schlippe beschreiben, dass bei vielen Auffälligkeiten von Kindern und Jugendlichen ein Verschwinden elterlicher Präsenz festgestellt werden kann. Das bedeutet, dass die »Anwesenheit« der Eltern in der Lebenswelt des Kindes verloren geht und die Aufsichtsfunktionen der Eltern zurückgehen (H. Omer/A.v. Schlippe 2009).

Demgegenüber ist es für die Beratung der Eltern wichtig, drei Aspekte der elterlichen Präsenz zu beachten:
– die Fähigkeit, wirksame Handlungen auszuführen,
– ein Bewusstsein für ein eigenes moralisches und persönliches Selbstvertrauen
– und das Gefühl, dass die eigenen Anstrengungen von anderen eher unterstützt als vereitelt werden (H. Omer/ A.v.Schlippe 2002, 35).

Die genannten Familientherapeuten haben eine besondere Form von Elterncoaching entwickelt, um die elterliche Präsenz im Leben des Kindes wieder herzustellen und ein neues Verständnis von elterlicher Autorität entwickelt. Eltern sollen sagen können: »Ich kann handeln«, »Dies ist richtig!« Und »Ich bin nicht allein!« Für das Kind – so meinen die Autoren – ist diese Resonanz zwischen elterlichem Handeln, elterlichem Selbstvertrauen und der Unterstützung durch die Umwelt eine formende Erfahrung. Sie zeigen die Variationsmöglichkeiten der elterlichen Präsenz in verschiedenen Vignetten. Es werden einige Strategien der Eltern dargestellt, wie z.b. die Weigerung eines Kindes eine Einschränkung bei Fernsehen oder PC-Gebrauch hinzunehmen:

> Falls das Kind den Fernseher oder Computer anzustellen versucht, stellen ihn die Eltern wieder ab. Aber falls das Kind ihn dann wieder anstellt, warten die Eltern still ab, bis die verabredete Zeit vergeht, um eine Eskalation zu vermeiden. Der Fernseher oder Computer muss jedoch vor dem nächsten elterlichen Eintritt abgestellt sein.

Bei häufigem Rückzug des Kindes in sein Zimmer und Verweigerung von Kooperation empfehlen die Autoren ein Sit-In. (57)

Das bedeutet, dass die Eltern in das Zimmer des Kindes gehen und sich vor die Tür setzen und erklären, dass sie das Benehmen des Kindes nicht akzeptieren und deshalb hier sitzen und auf Ideen warten, wie das Kind solches Benehmen in Zukunft vermeiden kann. Sie sitzen dann dort ohne weitere Erklärung, Zurechtweisung, Bedrohung oder Beschuldigung. Diese Aktion wird in den kommenden Tagen wiederholt.

> Das Sit-in sollte nicht während der Konfliktzuspitzung veranstaltet werden, sondern später in einer stilleren Zeit, um die psychophysiologische Erregungsspitze abzumildern... Wir nennen das: »Schmiede das Eisen, wenn es kalt ist.«...« In den folgenden Tagen können die Eltern dem Kind helfen oder ihm beliebige Gefälligkeiten tun (sie können ihm z.B. helfen, das Zimmer aufzuräumen, falls es seine Sachen wütend herumgeschleudert hat, mit ihm zur Schule oder ins Kino fahren oder sein Lieblingsgericht kochen). Diese Versöhnungsgesten werden ohne Erwähnung der vorherigen Vorfälle geäußert. Jegliche Diskussion des Grunds, der »hinter« den Versöhnungsgesten steckt, soll vermieden werden. Wenn das Kind will, steht es ihm frei, die elterlichen Versöhnungsgesten auszuschlagen. Die Eltern sollten es keineswegs für eine solche Entscheidung anklagen.

Die Zitate zeigen im Ausschnitt, dass Eltern hier zu einem gewaltfreien Widerstand gegenüber den Eskalationen in der Beziehung des Kindes zu ihnen greifen. Ihre stille und beharrliche Haltung soll dem Kind zeigen: »Wir geben nicht auf! Du kannst uns nicht abschütteln! Wir bleiben da!« So wird die elterliche Präsenz gezeigt (59f).

Auch wenn dieses Modell durch seine rational geleiteten

Strategien zunächst Befremden auslöst, werden in ihm doch wichtige Anteile einer elterlichen Autorität deutlich gemacht. Eltern sind reife Erwachsene und verfügen über Fähigkeiten wie Prospektion, Frustrationstoleranz, Nachhaltigkeit, Normentreue, die den Kindern noch nicht im gleichen Maße zur Verfügung stehen.

Die Elternberatung sollte den Eltern deutlich machen, dass sie solche Eigenschaften haben, mit denen sie den Kindern voraus sind und die sie ihnen ausleihen können: Erwachsene können eher vorausschauen, welche Wirkung bestimmte Handlungen in der Zukunft haben. Sie schaffen es deshalb auch, im Augenblick von einem Machtkampf abzulassen und sich kurzfristig zurückzuziehen (eine Schleife zu ziehen im Flur oder im Wohnzimmer), um später noch einmal mit Ruhe und mit Beharrlichkeit ihre Einstellung deutlich zu machen oder eine Befolgung von Regeln zu fordern. Sie halten es aus zu warten und auch eine Niederlage einzustecken, ohne zu resignieren oder ihr Erziehungsziel aufzustecken. Dabei geht es erst einmal nicht um den tatsächlichen Erfolg der Forderungen der Eltern, sondern um die Aufstellung von Normen, die von den Kindern oder Jugendlichen im Grunde genommen anerkannt werden, auch wenn sie im Augenblick »Nein« dazu sagen. Zu dem beharrlichen Verfolgen von Erziehungszielen tritt deshalb das Gespräch nach dem Konflikt, in das die kognitive Erfassung und Bewertung der Auseinandersetzung gehört.

Frau S. ist die Mutter der 17jährigen Sabine*, die zwei Probleme hat: sie ist etwas zu dick und hat eine Diabetes-Erkrankung. Das bedeutet für die Jugendliche, dass andere Heranwachsende spöttische Bemerkungen über ihre Figur machen, denen gegenüber sie sich stark und unberührt zeigen muss und dass sie ihr Selbstbewusstsein erhalten muss, obwohl sie mit der chronischen Erkrankung eine Einschränkung ihrer uneingeschränkten Autarkie erlebt. Sie reagiert mit kompensierenden Verhaltensweisen, die ihr das Gefühl von Unabhängigkeit und Überlegenheit zurückbringen sollen. Sie setzt sich auf der Straße zu Punkern

dazu und kifft mit ihren Freunden. Sie geht auch beim Alko-
holkonsum an die Grenzen der Gefährdung ihrer Gesundheit
und sie weist jede besorgte Äußerung der Eltern von sich. Frau
S. weiß nicht mehr, wie sie an ihre Tochter herankommen soll.
Wenn sie es mit liebevoller Sorge versucht, wird sie arrogant
abgetan. Wenn sie mit Hilfe des schnell wütenden Vaters Regeln
und Grenzen einführen will, ist die Tochter verschwunden und
die Eltern sitzen mit Sorgen zu Hause, überlegen gar, ob das
Mädchen sich jetzt etwas antut. Denn die wirkt kompromisslos,
als wolle sie alles aufs Spiel setzen und als hätte sie nichts zu
verlieren. Die normale Situation stellt ein Nebeneinanderherle-
ben von Eltern und Tochter dar. Diese verbarrikadiert sich in
ihrem Zimmer und Frau S. sitzt ohnmächtig davor.

In der Beratung wird das Problem eines unsicher-vermeiden-
den Bindungsverhaltens (s.u., Kap. 5.2) der Tochter beschrieben. Frau S. hatte in der frühen Kindheit ihrer Tochter sehr mit
sich selbst und ihrer Ängstlichkeit zu tun. Sie versuchte hart
gegen sich selbst zu sein und ihre Angst zu verleugnen. Sie wies
deshalb das Schutz suchende Kind, das ihre körperliche Nähe
suchte, häufig zurück. Sie motivierte das Kind zu Leistungen.
Affekte, die eine Bindung herbeiführen sollten, wurden in dieser Zeit von ihr weggedrückt. Die Unabhängigkeit des Kindes
war erwünscht. Dies behielt die Tochter als Bindungsmuster. Sie
wollte keine Ängste oder Gefühle mehr zeigen, sondern stark
sein. Sie setzte sich nicht mehr der Gefahr der Abweisung aus.
In der schwierigen Situation im Heute spielte sicher auch die
Adoleszenzentwicklung eine Rolle, aber in der Beziehung zwischen Eltern und Tochter musste nun ein Nachholen des An-
gebots von Schutz und Halt für die Angst und die Selbstzweifel
der Jugendlichen versucht werden. Einerseits nahmen die Eltern
nun die Eigenständigkeitsbezeugungen von Sabine an, andererseits ließen sie sich nicht mehr so einfach wegdrücken. Die Mutter suchte Sabine in ihrem Zimmer auf und nahm eine Weile
Platz, ohne die Verwunderung oder die Arroganz der Tochter
zu fürchten. Sie war anwesend, zeigte also Präsenz und sprach
von ihren Befürchtungen angesichts der Eskapaden der Tochter
und von ihrem Willen, dagegen anzukämpfen und Sabine da-

vor zu bewahren, dass sie Schaden erleide. Frau S. musste dabei die Angst im Zaum halten, die Tochter könne hinausrennen und sich etwas antun. Das hatte sie bisher davon abgehalten, klare Botschaften mitzuteilen. Als Berater deutete ich die Angst in Sorge und die Vermeidung von Gefühlen in Rücksicht auf die autonomen Bedürfnisse der Tochter um und riet dazu, mehr Klarheit und mehr Halt anzubieten. Das gelang der Mutter.

In dem Modell wird auf die grundlegende Bedeutung der Bindung zwischen Eltern und Kind hingewiesen. Die Bindungsforschung hat die Störungen in der Verbindung von Bezugspersonen und Kindern als Ursache von seelischen Erkrankungen und Verhaltensauffälligkeiten herausgestellt (z.B. Brisch 1999).

5.2 Bindungsmuster und Bindungsstörung in der Beratung

Die von John Bowlby 1969 entwickelte Bindungstheorie (J. Bowlby 1975) sagt: Es gibt ein biologisch angelegtes Bindungssystem. Dieses veranlasst Kleinkinder (und auch Tiere im jungen Alter) im Notfall instinktiv nach Schutz bei älteren Artgenossen zu suchen, die Erfahrung und Sicherheit versprechen. Schon Säuglinge entwickeln deshalb Verhaltensstrategien, die das Ziel haben, Pflegepersonen bzw. Mutter zur Hilfe aufzufordern. Die Mutter wird in diesem Fall zur Bindungsperson und die Trennung stellt eine Gefahr dar, die durch das Bindungsverhalten gebannt werden soll. Bindungsverhalten bedeutet, die Nähe der Bindungsperson suchen, sich ihrer zu versichern, sich anzulehnen, anzuklammern und mit Quengeln und Schreien sie bei sich zu halten. Diese Bindungsmuster reifen im Laufe des Lebens durch äußere Ereignisse. In den Phasen der größten Abhängigkeit im Lebenszyklus, also während der frühen Kindheit und im hohen Alter ist die Wahrscheinlichkeit am größten, dass Bindungsverhalten

aktiviert wird. Bindungsverhalten ist an sich nichts Pathologisches, denn es ist eine »Tatsache, dass Bindungsverhalten
potentiell das ganze Leben hindurch aktiv bleibt und ... lebenswichtige biologische Funktion hat«. (J. Bowlby 1983, 59)

Bowlby hat vier Bindungsmuster beschrieben, die im sogenannten Fremde-Situations-Test beobachtet werden konnten
(vgl. Petersen/Köhler): sicher-autonom, bindungsabwertend,
verstrickt und unverarbeitetes Bindungsmuster.

Sicheres Bindungsmuster

Mütter sicher gebundener Kinder beeindrucken dadurch,
dass sie ihre eigene Kindheit in eine gute und schlechte Erinnerungen integrierende Geschichte gefasst haben, liebevolle
Erinnerungen besitzen, aber auch mit angemessenen Gefühlen über die Beziehung zu ihren Eltern berichten können.
Sie haben eine persönliche Identität entwickelt. Ihre Kinder
erfahren, dass sie sowohl Sehnsucht nach Geborgenheit, aber
auch Furcht, Unbehagen und Wut ausdrücken können und
Eigeninitiative und Autonomiewünsche äußern dürfen, ohne
dass die gute Beziehung zur Bindungsperson dadurch zerstört
wird. Das Mutter-Kind-Verhältnis ist elastisch. Es kann ent-
gleisen und sich wieder einregulieren. Das Kind kann sich
deshalb immer wieder neuen Verhältnissen anpassen, denn es
hat Urvertrauen in seine Bedeutung und Wirksamkeit entwickelt.

Unsicher vermeidendes Bindungsverhalten

Kinder mit vermeidendem Bindungsmuster zeigen äußerlich
keine besonderen Stress-Anzeichen, wenn die Mutter abwe-
send ist. Wenn diese zurückkommt, wird sie ignoriert, ihre
Nähe wird sogar umgangen. Die Angst vor der Trennung wird
verleugnet. Das Kind spielt mit dem Spielzeug, als sei ihm das
Umfeld gleichgültig. Dieses Verhalten ist darauf zurückzu-
führen, dass das Kind bei Schutzsuche und Verlangen nach
körperlicher Nähe von der Mutter durchgehend abgewiesen
wurde. Mütter solcher Kinder motivieren sie zu Leistungen.
Sie schätzen es nicht, wenn das Kind an ihrem Rockzipfel

hängt. Deshalb werden Affekte, in denen das Bindungsverhalten aktiviert werden könnte, von ihnen vermieden. Unabhängigkeit wird erstrebt, Hilfsbedürftigkeit wird als unangenehm erlebt.

Unsicher-ambivalent/verstricktes Bindungsmuster

Unsicher-ambivalent gebundene Kinder zeigen sich als ängstlich und abhängig von ihrer Bindungsperson. Allein die Fremdheit von neuen Räumen belastet sie. Die Abwesenheit der Mutter lässt sie panisch reagieren. Bei ihrer Wiederkehr ist ein deutliches Schwanken zwischen Kontaktwunsch und Widerstand gegen Annäherung zu beobachten. Diese Haltung wirkt wie ein stiller Vorwurf, verlassen worden zu sein. Die Mütter solcher Kinder sind in ihre problematische Kindheitsgeschichte verstrickt und ängstlich. Sie brauchen das Kind als Trost und Harmonieträger. Eigenständigkeit des Kindes wird nicht gefördert. Die Kinder müssen feine Empfindungen für die Verfassung der Mutter entwickeln. Die eigene Befindlichkeit gerät dabei leicht außer Betracht. Die Entwicklung einer eigenständigen Identität ist dadurch erschwert.

Desorganisierte Bindungsmuster/unverarbeitet

Kinder mit desorganisiertem Bindungsmuster zeigen mangelhafte Orientierungsfähigkeit, unvermutete Haltungswechsel (plötzlicher tranceartiger Ausdruck, Einfrieren der Bewegung, bizarre Stereotypien).

Die Bindungspersonen wirken ihrerseits einerseits ängstlich gegenüber dem Verhalten des Kindes und andererseits bedrohend und furchterregend. In der Geschichte dieser Personen gibt es unverarbeitete Bindungstraumata, wie Tod einer Beziehungsperson, sexuellen Missbrauch oder körperliche Misshandlung durch die Bindungsperson. Diese Erlebnisse werden über dissoziative Zustände, die für das Kind erschreckend und unerklärlich sind, weitergegeben (vgl. Y. Petersen/L. Köhler a.a.O.).

Zusammenfassend ist für die Lehre von John Bowlby festzuhalten, dass Bindungsverhalten sich als ein Interesse an Sicherheit und Geborgenheit durch das Leben des Menschen zieht. Als Bindungsstörung wird die Neigung zur Auslösung von Bindungsverhalten (also Schutzsuche) bei geringfügigen Anlässen und die Entwicklung einer entsprechenden Haltung (scheinbares Desinteresse an der Beziehung, Misstrauen gegenüber neuen Beziehungsangeboten, unerklärliche Schwankungen im Beziehungsverhalten, übermäßiger Hass, »Als-ob-Persönlichkeiten«) angesehen.

In neuerer Zeit ist der Bindungsforschung entgegengehalten worden, dass sie vornehmlich auf die Beschreibung von Verhaltenssystemen Bezug nimmt und zu wenig bedenkt, wie Bindungserfahrungen vom Menschen weiter verarbeitet werden und sich dann im inneren Bild von Beziehung wiederspiegeln. Nicht das Erlebte allein ist entscheidend, sondern auch die innerseelische Dynamik, die sich z.B. in unbewussten Konflikten niederschlägt.

Dabei ist es eine wichtige Beobachtung, dass Trennungsreaktionen des Kindes, die begleitende Angst und die Mittel, mit denen sich das Kind ein Sicherheitsgefühl zu verschaffen versucht, in einer inneren Objektbeziehung internalisiert werden. Es bleibt also nicht bei äußeren Reaktionen im Moment der Trennung, sondern die Trennungserfahrungen werden aufbewahrt und auch auf andere Menschen übertragen, die mit der ursprünglichen Erschütterung in der Beziehung und der Herausforderung von Bindungsverhalten nichts zu tun haben. Dabei sind es auch nicht nur enttäuschende, an die traumatische Situation von Verlust und Trennung erinnernde Situationen, die zu einem Wiederaufleben der inneren Objektbeziehung führen. Die Erfahrungen der durch traumatische Beziehungen betroffenen Menschen werden von diesen auch zu einer Rollenbeziehung externalisiert. Beziehungspersonen in der Gegenwart werden in der Übertragung mit den Phantasiebeziehungen in Eins gebracht und z.B. in sadomasochistische Beziehungen verwickelt. Zu den Übertragungsphänomenen, die von Psychoanalytikern beobachtet werden, gehören auch unbewusste und häufig subtile Versuche zur Manipulation anderer (vgl. Joseph Sandler)

Die Aufnahme einer Beratungsbeziehung wird mit bestimmt durch die Bindungsmuster, die der Ratsuchende mitbringt. Sie bestimmen seine Möglichkeiten und Grenzen, sich der Beratung zu öffnen.

Das ist natürlich bei einem Menschen, der *sicher gebunden* ist, unproblematisch, weil ihm zuzutrauen ist, dass er auch in einer zeitweiligen Krise seine Sicherheitsgefühle rasch wieder herstellen kann und eine eigenständige Position zurückgewinnt. Er nutzt den anderen also als Brückenkopf, um wieder auf festen Boden zurückzukehren.

Ein Mensch mit *unsicher-vermeidendem* Bindungsmuster induziert in der Beziehung zur Beraterin das Gefühl: Warum kommt der zu mir? Der ist doch scheinbar unabhängig genug und sucht nicht nach Bindung. Dies liegt daran, dass der Betreffende aufgrund der Erfahrungen von Abgewiesen-Werden und zu Leistung und Eigenständigkeit Angehalten-Werden Affekte vermeidet, die ihm und dem Anderen seine Unsicherheit und Bedürftigkeit zeigen könnten. Er erzeugt aber wiederum eine Beziehungskonstellation, in der seine Bindungswünsche nicht verstanden werden und er allein bleibt. Selbst wenn der Beziehungspartner die verborgenen Wünsche spürt und eine Beziehung anbietet, ist es nicht sicher, dass der sich selbst mit Äußerlichkeiten beruhigende Mensch mit der Beziehung ernst macht.

Bei einem Menschen mit *unsicher-ambivalenter* Bindung aber muss der Beziehungspartner mit starken Anklammerungstendenzen rechnen. Die starke Konzentration dieses bindungsgestörten Menschen ist darauf gerichtet, die Erfahrung von Abgewiesen werden, auf Leistung reduziert werden, zur Autonomie gezwungen werden, durch vermehrte Beziehungsbemühungen zu kompensieren. Das kann auf den Wecker gehen und in der Gegenübertragung zu Abgrenzung und Distanz führen, die dem Anderen das zeigen, was er ohnehin befürchtet hat. Es kann auch zu sehr fürsorglicher Bemühung führen, die aber vom unsicher-ambivalent gebundenen Menschen nicht angenommen wird, weil er sie als unwahrscheinlich oder gar unecht empfindet und seine Befürchtungen dadurch nicht zerstreut werden. Sie entspricht ja nicht seiner Erfahrung und seinem inneren Objektbild.

Desorganisiert-desorientierte Menschen reagieren auf Abwesenheit von Menschen, die ihnen Geborgenheits- und Sicherheitsgefühle verleihen, mit einem Bindungsverhalten, das Reglosigkeit, sich an die Wand stellen, sich im Kreis drehen und ähnliche bizarre Verhaltensweisen zeigt. Sie versuchen so, eine Quelle der sicheren Wahrnehmung zu finden. Ihre inneren Objektbilder sind geprägt von Eltern, die mit ihnen ständig in Dissonanz gelebt haben, unempathisch waren und unfähig, sich genügend mit dem Kind zu identifizieren. Man könnte die Hypothese aufstellen, dass diese Menschen sich Partner suchen, die empathisch zugewandt sind, in der Beziehung aber andauernd auf die Probe gestellt und durcheinander gebracht werden, sodass sie nicht bei ihrer verlässlichen Haltung bleiben, sondern sich abwenden und so den inneren Objekten der bindungsgestörten Menschen ähnlich werden. Der bindungsgestörte Mensch induziert also in seinen aktuellen Beziehungen die Situation, die ihm einst Angst und Verwirrung gebracht hat, um sich durch die Macht der Inszenierung Sicherheitsgefühle zu verschaffen.

Unterschiedliche Bindungsmuster prägen das Beziehungsverhalten des Menschen und seine Möglichkeiten zur Beziehung – auch in der Beratung.

– Der Berater und die Beraterin müssen bereit sein, sich durch das Bindungssystem der Eltern ansprechen zu lassen und ihnen zeitlich, räumlich und emotional zur Verfügung stehen.

– Sie müssen als eine verlässliche sichere Basis fungieren, damit die Eltern mit emotionaler Sicherheit ihre Probleme bearbeiten können.

– Sie sollten nicht zu viel emotionale Nähe anbieten, wenn die Eltern das aufgrund ihrer Bindungsmuster nicht aushalten.

– Sie müssen (mit Kenntnis der unterschiedlichen Bindungsmuster) flexibel im Hinblick auf Nähe und Distanz sein.
– Sie sollten die Eltern dahin fördern, dass diese ihre Bindungserfahrungen und entsprechende Übertragungen
revidieren.
– Sie sollten den Eltern helfen zu erkennen, dass die physische Trennung nicht gleichbedeutend ist mit dem Verlust
der »sicheren Basis«. (vgl. Brisch, 97f)

*Die Mutter von zwei erwachsenen Kindern lebt in einer schönen
Wohnung, ist aber nicht zufrieden mit ihrem Leben. Sie wünscht
sich mehr Kontakt zu den Kindern und ihren Familien, vor allem
zu den Enkelkindern und wirft diesen auch manchmal vor, dass
sie ja doch nicht an ihr interessiert seien. Das hat dazu geführt,
dass die Kinder immer seltener zu ihr kommen. Sie leidet unter
Suizidphantasien, Depressionen und verschiedenen psychoso-
matischen Symptomen. In stundenlangen Gesprächen macht sie
sich dem sie besuchenden Seelsorger verständlich, bekennt sich
schuldig und rechtfertigt sich gleichzeitig: Sie hat Unrecht getan,
indem sie sich einem anderen Mann hingegeben hat. Sie hat alles
ihrem Ehemann gestanden in der Hoffnung, Verzeihung zu er-
langen und vielleicht sogar eine Verbesserung der ehelichen Beziehung, eine Vergrößerung der Aufmerksamkeit des Mannes, zu
erreichen. Er hat nicht entsprechend ihren Erwartungen reagiert,
sondern sich gekränkt zurückgezogen. Die Enttäuschung an ihrer Ehe und an ihren Kindern, die Wut über das desinteressierte
an ihr Vorbeileben des Partners und die Resignation für die Zukunft mischen sich mit Schuldgefühlen und Zweifeln, ob sie von
Gott angenommen wird. Die Gespräche, in denen der Seelsorger
seine Gelassenheit über den Konflikt zeigt und ihr Mut gibt, sich
als annehmbar und verstehbar zu sehen, erleichtern sie. Sie zeigt
großes Vertrauen in den Seelsorger und betont die Wichtigkeit
der Gespräche als Möglichkeit zum Auftanken und zum Erleben
von Sicherheit und Geborgenheit. Sie fühlt sich ermutigt, in der
Gemeinde mitzuarbeiten. Das tatkräftige Engagement in einem
sozialen Dienst bietet ihr die Möglichkeit, sich selbst als wertvoll
und wichtig zu erleben.*

Die Möglichkeit, sich an den Seelsorger zu binden, ja, zeit-
weise sich an ihn zu klammern, war nur die Grundlage dafür,
dass die Frau in die Lage kam, für sich etwas zu tun, nicht alle
Legitimation und Erlösung vom Ehemann zu erwarten oder
vom Seelsorger, sondern letzten Endes im Vertrauen zu leben,
dass sie sich vor Gott verantworten könne und von ihm auch
eine unbedingte Annahme erleben könne.

Gegenüber dem Drängen auf häufigere Besuche reagierte der
Seelsorger mit gelassener und freundlicher Sicherheit. Er wusste,
dass die unsicher-ambivalente Bindung der Frau zu ihm und
zu ihren Angehörigen die Gefahr heraufbeschwor, dass sich die
anderen ärgerlich abwendeten. Er wusste auch, dass eine bereit-
willige Einbindung in eine intensivere Beziehung zu Misstrauen
und Verunsicherung führen konnte. Er stärkte dagegen die Fä-
higkeit der Frau, für sich zu sorgen, einen Besuch aus aktueller
Not einzufordern und mit ihm dann einen Besuchstermin aus-
zumachen. Schließlich ermutigte er sie, eine Behandlung ihrer
Depression bei einem niedergelassenen Psychotherapeuten zu
beginnen. Dort fühlte sich die Frau zwar nicht so wohl, aber sie
schaffte es, mehr Kampfgeist und Selbstbewusstsein bei sich zu
entwickeln und auch ihren Mann in die Behandlung einzubin-
den und den Seitensprung dort zu bearbeiten. Die Paarbezie-
hung besserte sich daraufhin und auch der Kontakt der Eltern
zu ihren Kindern normalisierte sich.

5.3 Affektabstimmung

Für die Entstehung und Erhaltung von gesunden Familien-
beziehungen ist das »affektive Tuning«, die Affektabstimmung zwischen Eltern und Kind wichtig. Es erzeugt ein für
alle Beteiligten nötiges Gefühl von Sicherheit, Stabilität und
Ordnung, wie es auch die Säuglingsforschung beschrieben
hat (Stern 2006). Die Abstimmung von Affekten zwischen
Mutter und Kind beginnt schon im Kleinkindalter, beispielsweise, wenn sich das Kind nach einem Spielzeug streckt und

die Mutter mit einem Ausdruck der Anstrengung »Uuuuuuh
… uuuuuh!« sagt und dabei ihre Stimme hebt. Diese vokale
Aktivität der Mutter entspricht dem körperlichen Bemühen
des Säuglings (vgl. Fonagy, 189). Solche widerspiegelnden
Abstimmungen sind ein wirksames Instrument der frühen,
nonverbalen Sozialisation, mit dessen Hilfe die Mütter die
Aktivitäten ihres Kindes selektiv verstärken und beeinflussen
können (a.a.O., 192). Diese Affektabstimmungen oder sozialen Biofeedbacks gibt es auch im weiteren Verlauf der Entwicklung von Kindern und Jugendlichen. Sie können Muster
für Eltern sein, die beispielsweise ihren jugendlichen Sohn
und seine Verschlossenheit nachahmen (das finstere Gesicht,
die vor der Brust geschlossenen Arme, der Blick aus dem
Fenster) und in Worte fassen, dass er sauer ist und sich unwohl fühlt. Dabei kommt es (manchmal unter Hinzuziehung
von Humor) zu einer Verständigung über die Schwierigkeiten
der Kommunikation. Auch das Konzept der mentalisierten
Affektivität, das Fonagy (a.a.O., 436ff) vorgestellt hat, baut auf
einer solchen Affektabstimmung auf. Mentalisieren bedeutet,
sich für die innere Welt zu interessieren und ihr einen Sinn
zu geben und mentalisierte Affektivität hilft uns dabei, in ein
und demselben Affekt neue Bedeutungen wahrzunehmen.
Für die Beratung von Eltern ist die Vermittlung von Affektabstimmung interessant, weil sie beim Versuch, eine Übereinstimmung mit ihrem Kind zu erzielen, nicht Gegenüber
bleiben, sondern an seine Seite gehen, Verständnis für seine
Affekte zeigen. Sie werden in der Beratung dazu angeleitet,
mit ihrem Kind zu schwingen und eine positive Bindung zu
erhalten.
– Halt geben und beruhigen
– Affekt erleben und ausdrücken lassen
– Kommunikation üben und genießen
– Mentalisierung (Sinngebung) und Selbstreflexion anleiten
– Bindung und Beziehung stärken

In allen geschilderten Versuchen der Annäherung von Eltern
an Kinder und Jugendliche geht es darum, die Beziehungs-

fähigkeit und das Interesse an Beziehung zu verstärken. Erziehungsbemühungen, die vorwiegend auf Kontrolle und Konsequenz ausgerichtet sind, gefährden diesen Umgang. Das Prinzip der Konsequenz, wie es in der Ratgeberliteratur häufig beschworen wird, kann zwar die Hilflosigkeit der Eltern mildern, unterbricht aber unter Umständen eine gute Beziehung. Statt Kontrolle soll Beziehung gelebt werden. So zeigen Mutter oder Vater, dass sie sich auch durch Angriffe und Beschimpfungen ihres Kindes oder Jugendlichen nicht aus dem Feld treiben lassen, sondern ruhig und klar zu ihren Ansichten stehen. Diese Präsenz wird als ein Beziehungsangebot verstanden, mit dem demonstriert wird, dass es eine sichere Basis für das Miteinander gibt. Dabei liegt die Betonung auf Stärke und nicht auf Macht der Eltern. Die Eltern zeigen eine nicht-invasive, nicht verletzende Form der Stärke. Versöhnungsgesten können die verfestigten Erwartungen im Konflikt wieder in Fluss bringen.

Eltern können nach Anleitung durch eine Beraterin oder einen Berater dem Kind mit Worten vermitteln, dass sie eigene Gefühle und Einstellungen haben, dass sie das Kind zu verstehen versuchen. Sie können ihm helfen sich einzufühlen, können mit ihm überlegen, wie sein Verhalten auf andere wirkt und welche Wirkungen sie durch dieses Verhalten erzielen. Gerade den Kindern und Jugendlichen, die wenig Zugang zu ihren Gefühlen haben und sie eher durch Symptome und psychosomatische Zustände ausdrücken (z.B. Einnässen), bieten die Eltern eine Brücke, indem sie Vermutungen darüber äußern, wie es ihnen geht und auch ihre eigenen Gefühle benennen. Die Beratung hat oft schnellen Erfolg, wenn die Eltern lernen, sich in dieser Weise authentisch und direkt zu äußern.

Die sehr verkopften Eltern des sechsjährigen Mike* waren am Ende ihres Lateins, weil der Junge störrisch und sehr lebhaft reagierte. Sie überlegten schon, ob er vielleicht das Aufmerksamkeitsdefizit und Hyperkinetische Syndrom (ADHS) habe und Tabletten brauche, aber das kam für sie nicht in Frage, und *auch ich hatte Zweifel an ihrer Selbstdiagnose, da die Auffällig-keiten sich auf das häusliche Milieu beschränkten und er in der Schule unauffällig und fleißig war und nur für seine schnellen, intelligenten Eingaben bekannt war. Hauptproblem der Eltern aber war das nächtliche und gelegentlich auch tägliche Einnäs-sen des Jungen, das sie nicht kognitiv beeinflussen konnten. Das geht ja auch nicht, wie ich als Berater wusste, weil neben der fehlenden Lernleistung in Bezug auf Körperkontrolle vor allem die Steuerung von Affekten eine große Rolle spielt, wenn Kin-der in diesem Alter noch einnässen. Die Neigung des Vaters, überschießend scharf und aggressiv mit den Eigenständigkeit-simpulsen des Jungen umzuspringen, schien mir ein wichtiger Hintergrund des Mangels an Impulskontrolle und Affektsteue-rung zu sein. Die Beratung konzentrierte sich darum auf die Affektabstimmung zwischen Vater bzw. Mutter und Sohn. Die Eltern versuchten, sich in die Gefühle des Jungen einzufühlen und ihm verbale Hilfen für den Ausdruck seiner Gefühle zu geben, bevor sie ihm strukturierende Hilfen gaben. Wenn der Junge z.B. wütend reagierte, weil er abends nicht mehr in den Garten gehen sollte, dann sagte der Vater ruhig und empathisch (und ahmte dabei das ärgerliche Gesicht seines Sohnes nach): »Du bist jetzt sauer, weil du dir das anders vorgestellt hast und gern noch einen Ausflug nach draußen machen möchtest. Das kannst du morgen ja auch tun. Jetzt möchte ich, dass du dir die Zähne putzt und dich Bett-fertig machst, denn es ist schon sehr spät.« Diese Übung kostete den Vater, der vorher gedacht hatte, es sei doch alles klar geregelt und die impulsiven Ideen des Jun-gen als lästig und überflüssig verachtete, große Überwindung, aber der Erfolg, nämlich eine rasche Beruhigung des Jungen, überzeugte ihn dann.*

5.4 Prinzip Antwort

Ein weiteres in diese Richtung gehendes Konzept unterstützt die aktive Beziehungsgestaltung der Eltern und kann ihnen in der Beratung entgegengebracht werden. »Prinzip Antwort« (Heigl-Evers/Nitschke 1991) ist ursprünglich eine therapeutische Haltung anstelle des Prinzips Deutung. Sie stellt dem Gegenüber eine ausgewählte authentische Mitteilung von Gegenübertragungsreaktionen des Therapeuten zur Verfügung. Der Therapeut oder Berater bleibt also nicht undurchschaubar, sondern stellt ein Stück verlässlicher Realität dar, an der sich der Ratsuchende orientieren kann. Er korrigiert, hilft ihm zu verstehen, wie sein Verhalten auf andere, in diesem Fall das Kind, wirkt oder überlegt, welche Bedürfnisse und Gefühle die Eltern haben könnten. Heigl-Evers/Heigl/Ott haben die Technik einer Therapie beschrieben, die Strukturen der Ratsuchenden stärken kann. Diese Techniken können für die Elternberatung modifiziert werden. Es geht dabei um
– das Prinzip der authentischen, aber ausgewählten, also selektiven Antwort des Beraters
– das Prinzip der Übernahme von Hilfs-Ich-Funktionen des Beraters
– den Umgang mit dem affektiven Erleben der Eltern (Heigl-Evers/Heigl/Ott 1994, 212)

Diese therapeutische Einstellung ist als strukturbezogene Therapie zu einer entwicklungsorientierten Arbeit weiterentwickelt worden (Rudolf 2004, 162ff). Strukturbezogene Psychotherapie (speziell auch bei Jugendlichen und jungen Erwachsenen) bezieht sich nicht auf die Entwicklung und Durcharbeitung einer Übertragungsbeziehung, sondern auf die Förderung struktureller Funktionen (Rudolf 2007, 223). Spiegelnde und antwortende Interventionen bei nicht regressiver Prozessgestaltung werden bevorzugt. Das bedeutet, dass der Berater sich als interessierter Zuhörer aktiv mit dem von den Eltern Erzählten beschäftigt und auch seine Meinung darstellt, realitätsferne Hypothesen mit den Gesprächspart-

nern prüft und Beziehungsvorstellungen (z.B. er sei sicher ein
besserer Vater/Mutter) offen anspricht. Mit welcher Zielrichtung eine solche Therapie und die
darauf bezogene Beratung arbeitet, kann man am besten
einschätzen, wenn man bedenkt, wie sich die Persönlichkeitsstruktur entwickelt und welche Probleme dabei möglich sind.

Exkurs: Entwicklung der Persönlichkeitsstruktur

Die Entwicklung von inneren Strukturen beginnt in einem
Lebensalter, in dem es noch keine sprachlichen Möglichkeiten
(Begriffe, Erzählungen) gibt, um Gefühle und Einstellungen
im Gedächtnis zu verankern. Die in dieser Zeit gemachten
Erfahrungen sind also nicht mit Worten erinnerbar und deshalb kann man sie mit Deutungen nicht begreiflich machen.
Sie sind Prägungen durch eine Beziehung zu den Eltern bzw.
anderen Beziehungspersonen im Umfeld des Kindes:
- in der Beziehung zu den Eltern, die vitale Bedürfnisse des
  Säuglings befriedigen, entstehen die Grundlagen des Kör-
  per-Selbst und der Unterscheidung zwischen dem Selbst
  und den äußeren Objekten,
- in der Beziehung zu den Halt gebenden und beruhigenden
  Eltern, die auf die Unlust und die aufgewühlten Affekte des
  Kindes angemessen antworten, entsteht die Fähigkeit zur
  Regulierung der Affekte und zur Selbstberuhigung,
- in der Beziehung zu den Eltern, die mit spielerischen und
  scherzenden Kontaktangeboten auf das Kind zugehen,
  wächst die Fähigkeit, Affekte richtig einzuschätzen, die
  Kommunikation aufrechtzuerhalten und Empathie zu entwickeln,
- in der Beziehung zu den Eltern, die sprachliche Ausdrücke
  für Gefühle und Bedürfnisse nutzen und Frustration und
  Unlust vorwegnehmen, entwickelt sich die Fähigkeit zu
  Selbstreflexion und Sinnempfinden (Mentalisierung) und
  ein innerer Raum zum Verstehen der Welt.

So entsteht eine sichere Bindung an die inzwischen vertraut gewordenen Beziehungsobjekte.

In ungünstigen Fällen – also wenn Eltern die grundlegenden Antworten auf die Signale des Kindes nicht geben (etwa, weil sie durch eine Depression in der Beziehungsaufnahme gehindert werden), entstehen strukturelle Störungen, die sich darin zeigen, dass Kinder nicht die Fähigkeit haben, unterschiedliche Affekte zu besitzen, sie zu unterscheiden, sie auszudrücken sie zu regulieren, zu kommunizieren und gute Beziehungserfahrungen zu verinnerlichen. (vgl. G. Rudolf 2007, 229)

In der Elternberatung werden diese entwicklungsfördernden Funktionen in die Beziehung von Beraterin und Ratsuchenden eingeführt. Gerade bei Menschen, die strukturelle Schwächen bei der Bewältigung von Konflikten und Krisen zeigen (sich also nicht so gut steuern können, keine Möglichkeiten haben, sich vor Überforderung zu schützen, Probleme damit haben, andere einzuschätzen), die sie aber mit viel Energie und Engagement kompensieren, ist zeitweise das Prinzip Antwort angebracht. Als Berater gebe ich dann meine Gefühle oder Einfälle in ausgesuchter Form an die Eltern zurück, ich blicke in die Vergangenheit, um Verständnis für sich selbst und den Partner herzustellen und in die Zukunft, um aus der Verzweiflung im Augenblick zu einem zuversichtlichen Vorangehen zu ermutigen und ich versuche Empfindungen aufzunehmen und verständlich zu machen sowie Affekte zu mildern. Auf diese Weise wird strukturschwachen Eltern eine Stütze für ihre Elternfunktion gegeben und indirekt auch dem Kind eine Verbesserung in der Entwicklung einer Persönlichkeitsstruktur ermöglicht. Dies gilt auch und besonders für Eltern und Familien mit Jugendlichen, die von ihrer Entwicklungsphase her erneute Probleme mit ihrer inneren Struktur haben (vgl. R. Haar, Persönlichkeit entwickeln 2010).

In einer Elternberatungssitzung spricht Bert* sehr erregt sein Gefühl an, von der Ehefrau Ruth* dominiert zu werden. Diese *erwidert seine Empörung mit ironischem Mitleid: »Ach du Armer« und fordert ihn auf, nicht auf seine Empfindlichkeiten zu achten, sondern seine Aufgabe als Vater wahrzunehmen. Ich sage: »Bert, Sie geben mit ihrer Beschwerde ein wichtiges Gefühl wider. Sie beide haben, glaube ich, das Gefühl, mit der augenblicklichen Situation ihrer Kinder überfordert zu sein. – Ruth, Sie merken an der Stimmung ihres Mannes, dass Sie viel Verantwortung übernommen haben, aber dass ihr Mann sich dabei zurückgezogen hat.« Ruth guckt böse und sagt: »Früher war er mal ruhiger, jetzt schimpft er nur noch rum. Wo bleibt denn seine Hilfe, wenn die Kinder die Wohnung auf den Kopf stellen?« Ich antworte: »Ich merke, dass mir das auch Leid tut, dass sie sich beide so allein gelassen fühlen. Sie wünschen sich wohl auch beide, dass sie zusammenhalten können, wenn die Kinder so schwierig sind.« (Prinzip Antwort mit Ich-Botschaft). Ruth sagt: »Ich weiß eben nicht mehr, wie es noch mit uns weitergehen soll. Vielleicht sollten wir uns trennen.« Ich sage: »Im Augenblick haben Sie beide eine wichtige Aufgabe gegenüber ihren Kindern. Was soll da durch eine Trennung besser werden?«(Aufforderung zur Realitätsprüfung). Ruth: »Ja, das weiß ich auch nicht, aber wenn mein Mann mich so anmacht, habe ich keine Lust mehr.« Bert wirft ein: »Du bist ja auch nicht ohne.« Ich sage: »Ja, Sie können beide heftig streiten. Streitpaare bleiben auch in der Regel lange zusammen, werden aber nicht unbedingt glücklich dabei. Ich würde mit Ihnen gern beraten, wie Sie ihre Kräfte bündeln können. Sie haben ja in der Vergangenheit auch so viel zusammen geschafft.«*

Als Berater gebe ich hier eine eigene Einschätzung preis (Prinzip Antwort) und stütze die Struktur der Eltern durch Zielsetzung und positive Benennung der Ressourcen.

5.5 Bedeutung der Resilienz

Elternberatung kann nicht aus der Vermittlung von Expertenratschlägen bestehen. In der Beratungsbeziehung kommt es auf die gemeinsame Suche nach den Ressourcen und Beziehungsmöglichkeiten des Elternpaares an. Dazu muss ich als Berater zunächst einmal meine Einstellung gegenüber den Klienten ändern: nicht die Überlegung, wodurch die Probleme verursacht worden sind, bestimmt allein meine Einschätzung der Familie und meine Interventionen, sondern ich orientiere mich daran, wie man Schwierigkeiten so angehen kann, dass vorhandene und potentielle Kompetenzen der Familie identifiziert und erweitert werden.

Dies entspricht einem Modell familialer Resilienz, deren Schlüsselprozesse sind:
– Sinnfindung in widrigen Lebensumständen
– optimistische Einstellung
– Transzendenz und Spiritualität
– Flexibilität
– Verbundenheit
– soziale und ökonomische Ressourcen
– klare Botschaften
– Gefühle zum Ausdruck bringen
– gemeinsam Probleme lösen

Die genannten Einstellungen und Fähigkeiten können Eltern auch in schwierigen Lebenssituationen helfen, Sicherheits- und Geborgenheitsgefühle zu behalten und an ihre Kinder weiterzugeben. Eine religiöse Verortung kann so z.B. Zuversicht und Stabilität verleihen. Eine Warmherzigkeit und Gefühlshaftigkeit kann gegen Ohnmachtsgefühle helfen etc.

Resilienz wird verstanden als Fähigkeit, zerrüttenden Herausforderungen des Lebens standzuhalten und aus diesen Erfahrungen gestärkt und bereichert hervorzugehen (vgl. Froma Walsh 2006, 48, 62, 43).

Die Eltern des 14jährigen Patrick* stehen ihm als Paar nicht *mehr zur Verfügung. Die Mutter hat die Familie verlassen, um ein sehr eigenständiges und unstetes Leben zu führen. Der Junge ist bei seinem Vater geblieben und dieser hat eine Frau kennen gelernt, die ihm nun treu zur Seite steht, seine Glaubensüberzeugung teilt und auch gegenüber dem Jungen zu ihm hält. Dieser allerdings wird zum Prüfstein ihrer Geduld und Stabilität. Er fügt sich nicht in den Haushalt ein, lässt sein Zimmer ‚vermüllen' und reagiert auf die Aufforderung des Vaters aufzuräumen mit Widerworten. Manchmal folgt er ihr dann nach einer Bedenkzeit doch, aber heimlich. Vater und Stiefmutter sind ratlos, weil sie sich mit Zuneigung und Fairness um den Jungen bemühen. In einer ersten Beratungssitzung wird der Auseinandersetzung ein Sinn gegeben. Der Widerstand und das Aufbegehren wird von mir als Berater darauf zurückgeführt, dass der Junge als Heranwachsender einen eigenen Weg sucht und sich nicht einfach den mit Liebe, aber auch mit elterlicher Strenge vorgegebenen Bahnen unterwirft. Er muss das umso mehr tun, als er seinen Vater und auch die neue Frau an seiner Seite liebt, weil er nur durch klare Abgrenzung zur Ausbildung seiner eigenen Persönlichkeit kommt (Resilienzfaktor Sinnfindung). Die Eltern werden auf das Ziel der Persönlichkeitsfindung des Jungen hingewiesen und ich wage als Berater die Prophezeiung, dass die Eltern bei vorsichtiger Achtung der Eigenständigkeitsbestrebungen des Jungen eine Verbesserung der Situation erreichen können (Resilienzfaktor Optimismus). Da die Eltern vor allem dadurch verunsichert sind, dass sich der Junge von der Kirche distanziert und im Streit sogar sagt »ihr mit eurem Jesus, der bringt doch auch nichts« ist die Festigung der religiösen Einstellung der Eltern wichtig. Ich vermute, dass die Äußerung ein weiterer Versuch der Ablösung des Jungen ist und dass er letzten Endes beeindruckt ist und sein wird, wenn seine Eltern sich dadurch nicht irritieren oder gar in Zweifel stürzen lassen, dass er sie so provoziert. Der Glaube ist eigentlich doch Grundlage für ihre Festigkeit, mit der sie Patrick Halt und Geborgenheit vermitteln (die im Augenblick allerdings zu verführerisch für den sich frei strampelnden Jungen sind) (Resilienzfaktor Transzendenz und Spiritualität). Die Eltern sind differenziert und können sich auf diese Informationen einlassen und setzen sie in der Folge auch durch selbstbewusste und gelassene Haltung um (Resilienzfaktor Flexibilität). Sie nutzen dabei auch das bleibende Interesse des Jungen an Kontakten zu den Großeltern und gemeinsamen Reisen (Resilienzfaktor Verbundenheit). Sie haben den Vorteil, dass sie durch die hohe berufliche Qualifikation des Vaters über genügend Mittel verfügen, um sich ökonomisch sicher zu fühlen. Außerdem werden sie von den Mitgliedern ihres Hauskreises gestützt, wenn sie wieder einmal erschöpft und durch die Auseinandersetzungen geschwächt sind (Resilienzfaktor: Soziale und ökonomische Ressourcen). In der Folge berichten sie, dass sie es gewagt haben, dem Jungen noch einmal klar die Regeln vorzugeben und sie dann mit ihm zu verhandeln. Dabei haben sie auch offen über ihre Erschütterung durch seine Provokationen gesprochen und ihm gesagt, dass sie ihn trotzdem mögen und dies für sie die Grundlage für alle Kämpfe sein soll, die sie vielleicht noch zusammen führen müssen (Resilienzfaktor: Klare Botschaften und Gefühle zum Ausdruck bringen können). Der Junge ist beeindruckt und sieht nun, dass die Eltern nicht nur ihn als Problemkind sehen, sondern dass sie die Situation in seiner Entwicklung als gemeinsames Problem und gemeinsame Chance sehen und lösen wollen (Resilienzfaktor: Gemeinsam Probleme lösen können).*

5.6 Die therapeutische Beziehung in der Elternberatung

Eltern sollen nicht auf die Rolle von Hilfesuchenden festgelegt werden, sondern sich der eigenen Kompetenzen (wieder) gewiss werden und in der Elternrolle gestützt werden. Von daher muss die Beziehung zwischen Beraterin oder Berater und ratsuchenden Eltern auf Augenhöhe geführt werden. Beide Seiten haben Kompetenzen und Ressourcen, die zusammengeführt werden können. Das geht aber nur, wenn die Eltern nicht als hilflose Empfänger von Ratschlägen erscheinen, sondern wenn ihre Einfälle und Handlungen als wertvoll

geschätzt werden und ihre vermeintlichen Fehler als Folgen
der eigenen internalisierten Elternbilder oder als Konsequenzen von Bedingungen im System Familie oder als Ergebnisse
einer schwierigen Lebenssituation verstanden werden. Eltern
bieten häufig (zu) schnell an, dass sie etwas falsch gemacht
haben. Dahinter verbirgt sich die Idealvorstellung, dass es
»richtiges« Elternverhalten gibt und dass ihnen nur das Wissen darüber fehlt. Ziel einer Beratung muss es eher sein, die
Bedingungen von Elternschaft, die Verstrickungen der Eltern
und ihre persönliche Unsicherheit zu bearbeiten. Wenn sie
das Gefühl haben, dass ihnen keine Fehler nachgewiesen
werden sollen, sondern dass es in der Beratung eher um das
Verstehen von Gefühlen und Handlungen und den ihnen zugrunde liegenden Motiven geht, sind sie bereit sich zu öffnen.
J. Novick und K. Novick, die sich als Vertreter einer pragmatischen Psychoanalyse verstehen (233), haben in einem Buch
über die Elternarbeit während einer kinderanalytischen Behandlung beschrieben, worum es schon in der Anfangsphase
der Arbeit gehen kann. Die Eltern sollen für die folgenden
Transformationen gewonnen werden:
– Aus Schuldgefühlen soll sinnvolle Sorge werden
– Aus Selbsthilfe soll gemeinsame Arbeit werden
– Aus situationsgebundenen Erklärungen sollen innere Bedeutungen und Motivationen entstehen.
– Aus Externalisierungen auf das Kind soll eine Abstimmung
  mit dem Kind werden.
– Aus einer Idealisierung oder Entwertung des Kindes soll
  primäre Elternliebe werden.

Wenn sie dazu in der Lage sind, können sie ihr Kind auch als
eine getrennte Person sehen und sich selbst als Personen, die
ihm gegenüber eine Verantwortung haben (43f). Elternberatung wird dabei als eine Chance der Eltern verstanden, sich
selbst zu verändern und damit die Entwicklung des Kindes zu
unterstützen. Das bedeutet, dass die Eltern über die Klärung
des Verhaltens im Alltag und die Besprechung von möglichen
erzieherischen Verhaltensweisen hinaus auch an sich selbst,

ihrer Beziehung zueinander und zum Kind arbeiten. Dabei ist die biografische Arbeit an den Elternbildern, die sie selbst internalisiert haben unumgänglich und eröffnet u.U. erst ein offenes Gespräch.

So erlebte eine Beraterin große Probleme mit einer alleinerziehenden Mutter Carmen*, die alle bisherigen Helfer irgendwann abgelehnt hatte und ihre Kompetenz bezweifelte. Die Beraterin kam mit dieser Ratsuchenden in die gleiche Situation. Sie fühlte sich in Frage gestellt und hatte das Gefühl gar nicht helfen zu können, dachte sogar daran, die Beratung abzubrechen. Da sie aber wusste, dass alle Beratungen vorher ähnlich geendet hatten, sagte sie: »Sie sind unzufrieden mit meiner Arbeit, so wie sie auch unzufrieden mit sich und ihrer Erziehung sind. Wieso denken Sie eigentlich immer daran, was falsch gemacht wird.« Da brach es aus der Klientin heraus: »Mir hat auch nie jemand etwas zugetraut und meine Eltern haben mir immer das Gefühl gegeben, dass ich nichts kann.« Sie weinte und ihre bisherige fast arrogant-aggressive Haltung verschwand plötzlich hinter der Hilflosigkeit und den Selbstzweifeln, die eine lange Geschichte hatten. Nun konnte ihre Neigung zu Idealisierung und Entwertung neu verstanden und bearbeitet werden.

Die Neigung zu Übertragungen und Projektionen auf die Beraterin oder den Berater soll auch in der Beratung beachtet werden. Auch wenn das Prinzip Antwort häufig vor dem Prinzip Deutung angewendet wird, ist das Verständnis der Beraterin für die in ihr entstehenden antwortenden Gefühle (wie in dem Beispiel die Verzweiflung der Beraterin über den Stillstand der Arbeit und das Gefühl der Mutter, dass sie nichts tauge) u.U. der Schlüssel zum Kernproblem der Eltern, bzw. hier der Mutter. Wenn die Beraterin ihr Gefühl wichtig nimmt und nicht nur die Zweifel an der eigenen Kompetenz darin sieht, sondern eine Antwort auf die Furcht der Ratsuchenden vor Kritik und Entwertung ihrer Umwelt ihr selbst gegenüber, dann kann es zu Akzeptanz und zu einer Verbündung gegenüber der ungerechten und sadomasochistischen

Verstrickung mit den Herkunftseltern kommen. Die sadisti-
schen Forderungen nach Perfektion können dann gemildert
werden. Beraterin und Beratene finden sich als gleich un-
perfekte, aber dennoch kompetente Kooperationspartner auf
Augenhöhe. Damit wird die Annahme eines fehlerbehafteten
Menschen praktiziert und sorgt für Befreiung und Aufbruch
zu einer neuen Einstellung.

Eine spezifische Haltung ist erforderlich, um diesen emotio-
nalen Prozess in Gang zu bringen. Das ist eine oszillierende
Haltung von empathischer Identifikation und Distanzierung,
die auch als »teilnehmende Beobachtung« beschrieben wird.
Das ist ein innerer Bewegungsprozess des Beraters, in dem
einmal mehr eine identifizierende Bewegung, das andere
Mal eine distanzierende Bewegung vorgenommen wird.
Identifikation und Beobachtung münden für einen Moment
in einer integrierenden Bewegung. Die Spannung zwischen
den Bewegungen ist der Kern der spezifischen analytischen
Haltung. Die empathische Identifizierung macht die psychische Realität spürbar, die distanzierende Bewegung macht sie
verstehbar. (Zwiebel, 26) Die Spannung entsteht durch identi-
fikatorische Prozesse, sie relativiert sich durch distanzierende
und beobachtende Bewegungen. Diese Beschreibung der psychoanalytischen Haltung ist auch für die Beratung sinnvoll.
Sie ermöglicht es dem/der BeraterIn sich von einer intensiven
und anstrengenden Teilnahme an einem Beziehungsprozess
in eine sozusagen von außen beobachtende und distanzierte
Haltung fallen zu lassen.

Dazu ist es wichtig, die psychoanalytischen Grundregeln
einer therapeutischen Beziehung als Modell für die Beratungsbeziehung zu nehmen. Auch für die Eltern soll mit
Hilfe eines haltenden Settings selbst über kurze Beratungszeit
hinweg ein Möglichkeitsraum (potential space, *Winnicott*) ge-
schaffen werden, in dem sie sich auf die eigene Persönlichkeit
besinnen können und bedenken können, was sie ihrem Kind
vermitteln und was sie ihm eigentlich gern vermitteln wollen.
Dazu gehören feste Absprachen über Zeiten und eine gewisse

Kontinuität der Termine. In der Praxis habe ich Elternberatung in einem vierzehntäglichen Rhythmus für sinnvoll gefunden. Die Sitzungen sollten 60 bis 90 Minuten lang sein. Dieser Zeitraum gewährleistet eine Entfaltung der Beziehung und eine Öffnung der Ratsuchenden, beachtet aber auch die Einschränkung der Konzentrationsfähigkeit und die Einhaltung eines angemessenen Spannungsbogens in der Sitzung.

Selbst wenn nicht beide Eltern dabei sind, spielt die Triangulierung eine wichtige Rolle. Die Beziehung zwischen Berater/Beraterin, Vater und Mutter ist dabei das Modell für die Beziehung der Eltern zu ihrem Kind bzw. zu ihren Kindern. Die Eltern äußern ihre Frustration gegenüber der Beraterin und stellen dabei auch dar, wie enttäuscht sie von ihrem Kind sind. Sie streiten sich auch miteinander in dem Glauben, dass einer von ihnen mit seiner Position im Recht ist. Es ist die Aufgabe der Beraterin als der Dritten, Verständnis für jede der beiden Positionen zu gewinnen und zu äußern und damit deutlich zu machen, dass es auf das Zusammenspiel von zweien ankommt, wenn sie für einen Dritten Beziehung möglich machen wollen.

5.7 Der Fokalsatz als Leitlinie für das Verständnis der Eltern

Elternberatung wird häufig dann nötig, wenn die Eltern selbst Konflikte in ihre Erziehung hineinbringen, die aus unterschiedlichen eigenen Erfahrungen von Erziehung (die man auch erfragen sollte) oder divergierenden Interessen in der Beziehung zum Kind entstammen. Um den Konflikt, der dadurch entsteht, fassen zu können, wird in der Psychotherapie mit einem Fokalsatz gearbeitet. Ein Fokalsatz entsteht durch die Erarbeitung einer Hypothese über die zentrale unbewusste Dynamik eines aktuellen Problems. Er gibt dem Berater eine innere Orientierung für das Verständnis der Eltern und eine Richtung für das Ziel der Beratung. Mit *Lachauer (22)* soll

Fokus hier verstanden werden als eine Verbindung zwischen
einem aktuellen Hauptproblem der Eltern und einer Aussage
über die unbewussten Hintergründe.

*Als Beispiel für die Bildung eines Fokalsatzes können wir noch
einmal die alleinerziehende Mutter Carmen* (s.o.) nehmen, die
ihre Beraterin und auch alle Berater vorher bis an die Grenze
ihrer Kompetenz führte, weil sie in ihrer Kindheit keine Anerkennung ihrer Fähigkeiten erfahren hatte. Sie weigerte sich
auch, über sich selbst nachzudenken. Sie überschüttete die Beraterin mit Spott, wenn diese sich eine Meinung über das Kind
und seine Auffälligkeiten oder gar über die Mutter bildete. Sie
brach bei der ersten Gelegenheit Behandlungen ab und war
auch in dieser Beratung kurz davor. Sie befürchtete unbewusst,
dass sie an ihren eigenen Idealen gemessen würde und sich
dann ihre Erziehung als falsch erweisen würde. Sie wollte für
ihre Einstellungen gegenüber dem Kind keine Verantwortung
übernehmen, weil sie den Vorwurf des Scheiterns (den sie allen
Beratern gemacht hatte) für sich fürchtete. Diese Hypothese für
den unbewussten Hintergrund ihrer Aggressivität gegenüber
der Beraterin können wir für die Klientin so formulieren: »Ich
habe Angst davor, mich offen in der Beratung zu äußern, weil
ich dann Verantwortung übernehmen müsste und scheitern
könnte und weil sich das wiederholen könnte, was ich in meiner
Kindheit erlebt habe.« Dieser von der Beraterin im Inneren for-
mulierte Fokus bildete die Grundlage des Beratungs-Ziels, die
Klientin erleben zu lassen, welche Angst sie bewegte und dass
diese – einmal ausgesprochen – geringer werden konnte durch
die Betrachtung ihrer faktischen Erfolge in der Erziehung des
Kindes und durch die Mäßigung der Idealvorstellungen, die
Carmen hatte.*

Der Fokalsatz besteht aus
– einer Benennung bzw. Beschreibung des Problems, das die
  Mutter bzw. die Eltern in die Beratung gebracht hat und
– einer Hypothese über die unbewussten Hintergründe des
  Problems.

Hier wird als unbewusster Hintergrund für die aggressive Verweigerung der Mutter ihre Angst beschrieben, die einerseits zum Widerstand gegen die Beratung führt und andererseits doch auch der Grund für ihr Kommen ist. Als unbewusster Hintergrund wird mit dem »weil« gesagt, dass die Mutter die Verantwortung fürchtet und ihr Scheitern in dieser Verantwortung. Darauf wird zusätzlich zum ersten »weil« noch ein »weil damals« eingeführt, um den biografischen Hintergrund der unbewussten Angst zu beleuchten. In anderen Situationen kann an dieser Stelle auch stehen »weil in Zukunft«, wenn die Angst auf etwas Kommendes projiziert wird.

Die Bemühung um die Formulierung einer solchen Hypothese gibt der Beraterin mehr Klarheit über den Konflikt der Klientin und das Verständnis hilft ihr, den Angriff und die Infragestellung auszuhalten.

5.8 Regeln einer gezielten Kommunikation

Neben einer so offenen analytisch orientierten Einstellung kann das Wissen über die Differentielle Psychologie der Kommunikation leitend und hilfreich sein.

Friedemann Schulz von Thun (19f) hat dazu das Quadrat der Nachricht dargestellt. Danach gibt es bei jeder Nachricht vier unterschiedliche Aspekte

- den Sachinhalt, der Informationen über die mitzuteilenden Dinge enthält (warum rufe ich die Beratungsstelle an, wer bin ich)
- die Selbstkundgabe, durch die der Anrufer etwas über sich selbst mitteilt – über seine Persönlichkeit und über seine aktuelle Befindlichkeit (sei es nun in bewusster Selbstdarstellung oder in mehr oder minder freiwilliger Selbstöffnung und Selbstpreisgabe)
- den Beziehungshinweis, durch den der Anrufer zu erkennen gibt, wie er zum Empfänger der Nachricht steht, was er

von ihm hält und wie er die Beziehung zwischen sich und
ihm definiert (»sie können mir helfen«)
- den Appell, also den Versuch, in bestimmter Richtung Ein-
 fluss zu nehmen, die Aufforderung, in bestimmter Weise
 zu denken, zu fühlen oder zu handeln (»ich brauche sofort
 einen Termin«).

Die Beraterin empfängt die vier Seiten der Äußerung mit
»vier Ohren«:
- mit dem Sach-Ohr versucht sie den sachlichen Informationsgehalt zu verstehen,
- mit dem Selbstkundgabe-Ohr ist sie diagnostisch tätig
 (»Was ist mit dem Ratsuchenden los? Welche Gefühle und
 Motive sind mit seiner Äußerung verbunden?«)
- mit dem Beziehungsohr nimmt sie auf, was der Mensch
 von ihr zu halten scheint (fühlt sie sich richtig gesehen und
 bewertet oder aber gerügt, beschämt, beschuldigt?)
- mit dem Appell-Ohr hört sie die Aufforderung heraus, die
 sie an sich gerichtet fühlt. Dieses Ohr ist empfänglich für
 den »Druck«, der sich mit einer Äußerung verbindet und
 unter den sie sich gesetzt fühlen kann.

In der Kommunikationspsychologie wird darauf hingewirkt,
dass wir als Sender einer Nachricht weitgehende Übereinstimmung von »Innerung« und »Äußerung« erzielen. Dies erfordert Übung in der Selbstwahrnehmung und ist am Zielwert
der Authentizität orientiert. Wir wollen also eine freundliche,
wohlwollende, beziehungsstiftende Einstellung vermitteln.
   Außerdem wollen wir versuchen, die »hinter« der Äußerung liegende »Innerung« aufzuspüren und so zu einem tieferen Verständnis gelangen. Dieses Aufspüren verbindet sich
nicht mit einer detektivisch-diagnostischen Haltung, sondern
mit einer der wohlwollenden Einfühlung. Dies erfordert
Übung im vierohrigen Zuhören und ist am Zielwert der Empathie orientiert (Schulz von Thun, 23).

5.9 Raum für Eigenes

Die Entwicklung einer eigenen Persönlichkeit ist für Kinder und Jugendliche nicht nur von Prägung und Erziehung abhängig, sondern auch von einer achtungsvollen Ermöglichung eigener Ziele und Einstellungen des reifenden Menschen. Eltern werden darauf achten, welche eigenen Ideen das Kind beim Erstellen eines Bauwerks aus Klötzen hat oder welche Gebilde es im Sandkasten entstehen lässt oder welche Ausdrucksmöglichkeiten sich beim Malen zeigen. Sie werden nicht nur zu einer perfekten Darstellung, zu ordnungsgemäßem Umgang mit dem Material oder zur technischen Handhabung von Stift und Malblatt anleiten, sondern auch die Kreativität des Kindes begleiten und fördern. Auch die Zeit, in der das Kind einmal allein versucht, seine Schularbeiten zu machen und das Zutrauen der Mutter, dass das schon klappen wird, gehören dazu. Diese Anerkennung der Eigenheit des Kindes wird vor allem auch wichtig, wenn sich der Jugendliche von den Eltern innerlich ablöst und eine eigene Persönlichkeit entwickelt (Haar, Persönlichkeit entwickeln 2010). Der Jugendliche, bzw. der junge Erwachsene braucht Respekt und das Zutrauen der Erwachsenen, in sich Möglichkeiten und Fähigkeiten zur individuellen Gestaltung seines Lebens, zur moralischen Einstellung und zur Ausbildung von Lebenszielen bereit zu halten. Der Junge wird danach streben, seine Eltern und insbesondere den Vater zu ergänzen und sogar zu übertreffen. Das Mädchen wird ebenso Fähigkeiten entwickeln, die eine Alternative zur erfolgreichen Mutter oder zum Vater darstellen. Wenn die Mutter beispielsweise eine fähige und im Beruf erfolgreiche Lehrerin ist, muss die Tochter nicht den gleichen Beruf wählen. Sie kann eine Nebenlinie der Mutter (beispielsweise ihre Bemühungen Klavier zu spielen) wählen, um ihre Mutter zu ergänzen und mit ihr in einen latenten Wettbewerb zu treten, indem sie ihre musikalischen Fähigkeiten ausbaut und durch ein Studium offizielle Anerkennung findet. In manchen Familien fällt es den Kindern schwer, noch Bereiche zu entdecken, die für ihre kreativen Bemühungen offen

sind. Die sogenannte Jeansgeneration der Eltern besetzt u.U.
schon beruflichen Erfolg, sportliche Aktivitäten, körperliche
Fitness und modisches Auftreten und geht auch noch in die
Disco. Was soll der Jugendliche tun, um etwas Eigenes zu
präsentieren und darin seine Persönlichkeit wiederzufinden?
Andere Eltern wirken sehr dominant und bürgerlich integriert und haben sichere moralische Einstellungen, die sie dem
Jugendlichen drängend vorhalten. Was kann der Jugendliche
dem gegenüberhalten. Leider gibt es dann auch den Ausweg,
sich auf »erfolgreiches Nichtstun« zurückzuziehen und dies
als besondere Leistung zu sehen oder gar kriminelle Energie
zu entwickeln, die zwar gesellschaftlich negativ bewertet wird,
aber doch als etwas Besonderes und Eigenes empfunden werden kann.

Es kommt also darauf an, Raum für Eigenes entstehen zu
lassen:

– Kreative Ideen und Fertigkeiten anerkennen und unterstützen
– Bemühungen, etwas Eigenes auszuprobieren und darzustellen befürworten
– Wettbewerb gelassen akzeptieren
– Generationsgrenzen einhalten und damit Bereiche von jugendlicher Aktivität frei lassen
– Überdominantes Elternverhalten (»Ich weiß schon, was gut
  für dich ist«) überprüfen
– Anerkennendes Mitgehen bei Selbstrepräsentationen (Vorspiel, Theaterstück, Sportturnier).

Auch für die Beratung der Eltern gilt dieser Respekt für den
eigenen Raum der Entwicklung von Fähigkeiten. Berater
und Beraterin können hier modellhaft zeigen, dass nicht ihre
Leistung und ihr Fachwissen alles beherrschen, sondern die
erfolgreichen Versuche der Eltern, eine neue Kommunikation
mit ihren Kindern zu starten.

Auch Jan und Ulrike* kamen häufig niedergeschlagen in die
Beratung, wenn wieder einmal eine Beschwerde der Lehrerin*

*vorlag oder gar die Polizei auf ihren Sohn aufmerksam wurde.
Sie fragten danach, was sie falsch gemacht hätten und griffen
sich auch gegenseitig an, um die vermeintliche Schuld von einem zum anderen zu schieben und mich als Berater in dieses
Spiel zu involvieren. Hätte ich gesagt, ja, Sie haben Recht, Sie
als Vater haben die Verantwortung, weil sie zu wenig modellhaft auf ihren Sohn gewirkt haben oder ja, Sie als Mutter hätten
nicht so rigoros erziehen dürfen, dann wäre die Beratung am
Ende gewesen. Die Eltern brauchten im Gegenteil das Gefühl,
trotz Fehlern ein positives Bemühen und eine gemeinsame Arbeit als Team zu leisten. Ich sprach das aus und erkannte an,
dass sie sich so sehr um den richtigen Weg bemühten, wie viele
andere Eltern das nicht schaffen. Gegen die Idealisierungsbe-
strebungen der Eltern verwies ich darauf, dass ich als Berater
ja nur Anstöße geben konnte, sie aber vor Ort mit sich und mit
ihrem Jungen kämpfen mussten, um ihm zu zeigen, dass sie ihn
halten und aushalten können. Neben dem vielen Kritischen,
dass sie an ihrem Sohn bemängelten, konnten sie nun auch
wieder davon reden, welche Kraft und welche Fähigkeiten er
mitbringt und ein wenig Vertrauen bekommen, dass er seinen
Weg machen wird.*

Der Berater bzw. die Beraterin muss also dafür sorgen, dass es
»feste Bräuche« gibt in Form von Terminen und gleich blei-
benden Orten für die Gespräche. Er muss sich Zeit nehmen
und Geduld haben gegenüber der Entwicklung der Beratungsbeziehung. Nicht er bestimmt das Tempo, sondern der/
die Ratsuchende. Eine Annäherung, die Grundlage von Vertrauen und Offenheit ist, kommt nicht durch eindringende
Fragen oder bedrängende Ratschläge zustande, sondern
durch vorsichtiges und unabsichtliches Raum lassen. Die
Sprache, die in der Geschichte verdächtigt wird, eine Quelle
der Missverständnisse zu sein, soll nicht Ergebnisse festhalten
und zu Diktaten für das Verhalten führen, sondern Erfahrungen zum Austausch bringen, erleichternde Übereinstimmun-
gen zu Tage bringen, Möglichkeiten aufzeigen. Dann trägt
sie zu Nähe und Halt in der Beziehung bei. Dies gilt für jede

Form von hilfreicher therapeutischer, seelsorgerlicher und
beraterischer Beziehung, die *mit* dem Ratsuchenden arbeitet.

5.10 Beratung als Prozess

Die Beratungsbeziehung entwickelt sich in einem Entwick-
lungsprozess der Beziehung.

Sie beginnt in der Regel mit einer Sitzung, in der Ratsuchende sich aussprechen, ihr Problem oder die Krise, in der
sie sich befinden, schildern und ihnen Gelegenheit gelassen
wird, das auf ihre Weise zu tun. Der Berater wird also aufmerksam zuhören, gelegentlich seine Beteiligung kundtun,
indem er noch einmal mit anderen Worten ausdrückt, was er
verstanden hat und dabei auch die Empfindungen des Ratsuchenden (Tränen, Sorgen, Wut) beschreibt. Die Beziehung
zum Kind, die damit ausgedrückt wird, soll ebenfalls aufgenommen werden. In diesem Gespräch wird der Berater eher
zuhören, statt das Problem mit Fragen zu klären versuchen.
Auch der Arzt, der nicht nur die medizinisch wichtigen Daten
erfragt, sondern seinem Patienten Gelegenheit gibt, von sich
aus zu berichten, kommt zu umfassenderen Diagnosen als der
Arzt, der sich eines nur interrogativen Gesprächsstils bedient
(vgl. Streeck 2004, 34). Am Ende des ersten Gespräches sollte
der Berater zusammenfassen, was er verstanden hat und mit
den Ratsuchenden ein gemeinsames Ziel für die Zusammenarbeit formulieren und einen Beratungsauftrag entgegenneh-
men.

In zweiten Gesprächen wird der Berater aktiver auf den
Bericht des Ratsuchenden eingehen, wird seine Erfahrungen
mit ähnlichen Problemen berichten oder mit Fremdbeispie-
len stützende Modelle für die Bewältigung der anstehenden
Aufgaben geben. Dabei betont er, dass sie es natürlich auch
ganz anders machen können und entlässt sie aus dem Druck,
es so zu machen, wie andere. Durch Einfühlung und Affektabstimmung kann er die Kommunikation unterstützen und

beruhigend und Halt gebend auf die Eltern einwirken. Sein Ziel ist eine annehmende Stützung der Eltern gegenüber ihrer Erziehungsaufgabe. Er betrachtet die Eltern als Mitarbeiter und nicht als Objekte seines Handelns oder als »Patienten«, die er zu verarzten hat.

In weiteren Gesprächen kann er die Eltern mit Beobachtungen und mit einem Wechsel der Perspektive zum Kind hin konfrontieren und sie so in einen Spiegel sehen lassen, auch im Sinne des Prinzips Antwort seine eigene Meinung zu den Beziehungsproblemen sagen und das Zusammenspiel zwischen Mutter, Vater und Kind beschreiben. Dabei kann auch die Aufgabe der Eltern zur Sprache kommen, eine triangulierende Funktion zu vertreten, so dass das Kind merkt, dass Mutter und Vater verschieden sind, denken und handeln, aber sich doch verständigen können und ein gemeinsames Interesse (und gemeinsames Wohlwollen gegenüber dem Kind) vertreten.

Dies kann auch den Streit über Erziehungseinstellungen begrenzen, denn selbst wenn Vater und Mutter unterschiedlich handeln, kann ihr Bemühen in der Erziehung gegenseitig anerkannt werden und dann ein gemeinsames Konzept ausgehandelt werden.

In der abschließenden Zusammenfassung am Schluss der Beratung sollte noch einmal die Überzeugung zum Ausdruck kommen, dass es in der Beratung nicht um Fehler und Schuld ging. Der Berater könnte neugierig auf die Ideen und Möglichkeiten der Eltern sein und dies auch zeigen. Die Eltern sollen ermutigt werden, an sich als Erziehende zu glauben und ihre Ressourcen ernst zu nehmen.

Schließlich sollte auch noch einmal auf den Auftrag vom Anfang eingegangen werden und besprochen werden, was das Kind in seiner Situation und Lebensphase braucht (starke Eltern gegenüber einem die Grenzen testenden Kind, Präsenz in kritischen Situationen, Kontinuität bei der Verfolgung von Regeln etc.).

Zusammengefasst könnte die Aufgabe des Beraters (der Beraterin) im Prozess der Beratung so beschrieben werden:

- Ich gebe den Eltern Raum, sich und ihre Sorgen darzustellen.
- Ich hole sie da ab, wo sie stehen und fühle mich in sie ein.
- Ich versuche, sie auch aus ihrer Entwicklung und aus ihrer Lebenswelt heraus zu verstehen.
- Ich einige mich mit ihnen auf ein Ziel der Zusammenarbeit (Beratungsauftrag).
- Ich zeige mich als Stütze für ihre Erziehungsaufgabe.
- Ich sehe sie als kompetente Mitarbeiter.
- Ich stelle Ihnen meine Eindrücke und meine Erfahrung frei zu ihrer Verfügung.
- Als Dritter gebe ich ihnen ein Gefühl für den Umgang mit dem Kind als Dritten (Akzeptanz von Verschiedenheit und Andersartigkeit).
- Ich stelle mich interessiert auf ihre Möglichkeiten und Ressourcen ein.
- Abschließend überprüfe ich mit ihnen den Beratungsauftrag und das Erziehungsziel.

5.11 Die Kurzberatung

Das Angebot von Beratung in einer regelhaften und prozessartigen Form mit mehreren Gesprächen ist im Alltag häufig nicht durchführbar und auch nicht gefragt. Die zuvor geschilderten Beispiele und Techniken sind aber nicht nur für eine längere Beratungssequenz interessant, sondern auch für ein Kurzgespräch. In der Beratungsstelle findet dies z.B. in der Offenen Sprechstunde statt, die in der Regel nur 30 Minuten Gesprächsdauer erlaubt. Sie dient zur schnellen Erfassung eines Problems und zu einer Wegweisung, wie es weitergehen könnte. In anderen Institutionen wie Schule, Kindergarten und Kirchengemeinde kommt es häufig zu einem kurzen Beratungsgespräch an der Tür oder auf dem Flur oder anlässlich einer ganz anderen Gesprächssituation. Der Ratsuchende sucht eine günstige Gelegenheit, um einzusteigen und den Berater oder die Beraterin zu »erwischen«. Der Zufall bestimmt Zeit und Ort des Gesprächs, der Berater wird wie ein Retter in der Not angegangen (»Gut, dass ich Sie treffe«), die Kürze der Zeit entspricht der Ambivalenz des Ratsuchenden, ob er sich wirklich intensiv um das Problem kümmern soll oder lieber alles so lassen soll, wie es ist, aber die Kürze der Zeit veranlasst ihn auch, das Problem auf den Punkt zu bringen und in einem Kernsatz auszudrücken, der wie ein Schlüssel wirkt (vgl. Lohse 2008, 20ff.). Der Berater reagiert auf die Chance zu einer wegweisenden Beratung mit der Annahme der Beratungssituation als einer günstigen Gelegenheit, er verändert die Rollenzuschreibung als Retter in den, der mit dem Ratsuchenden sucht, er weist ihn auf seine Möglichkeiten hin, Entscheidungen zu treffen und zu Eindeutigkeit zu kommen und er merkt sich für das weitere Gespräch den Kernsatz des Ratsuchenden, um das Gespräch zum Ziel zu führen. Dabei kann er auch die Kenntnis vom Fokalsatz (s.o.) nutzen. Das kurze Beratungsgespräch muss sich an den Ressourcen und Möglichkeiten des Ratsuchenden orientieren, also seine Zuversicht stützen, seine Bereitschaft zum Sprechen stützen, seine Neigung zum Vertiefen eines Problems aufnehmen, ihm Ruhe durch verständnisvoll Nachfragen geben. In der Zusammenfassung am Ende eines Gesprächs kann der Berater eine positive Rückmeldung geben, die dem Ratsuchenden zeigt: »Was ich gesagt habe ist verständlich. Die Not ist groß, aber meine Bemühung wird anerkannt. Vielleicht ist diese Beratung der Beginn einer Lösung. Ich bin nicht mehr allein mit meinem Problem.«

In der Kurzberatung verändert sich die Haltung des Beraters in eine

– Aktivere, engagierte und nach den Fähigkeiten des Ratsuchenden forschende Beziehung.
– Er nutzt die Möglichkeit der Begegnung für ein wegweisendes Gespräch
– Er führt von Rollenzuschreibungen weg zu den Ressourcen des Anderen.

– Er achtet auf Kernsätze, die ihm das Problem erschlüsseln.
– Er gibt eine positive Rückmeldung für eine Lösung.

In der Sprechstunde der Beratungsstelle erscheint eine etwa 40jährige Frau, die keine Angaben zu ihrer Person machen möchte. Ihr erster Satz ist: »*Als ich da wartete, wollte ich schon wieder gehen. Ich weiß gar nicht, ob das etwas bringt, wenn ich mit Ihnen rede.*« *Dann bricht es aus ihr heraus: Sie kann mit ihrem depressiven Mann nicht mehr zusammenleben. Er beschimpft sie häufig und hilft in der Familie nicht mit, eine befriedigende Paarbeziehung ist das schon lange nicht mehr. Sie möchte ihn verlassen, aber sie hätte ein schlechtes Gewissen, weil er doch krank ist. Außerdem müsste sie dann ja ausziehen und wüsste nicht, wie es mit ihr und den Kindern weitergehen würde. Sie traut sich mittlerweile auch schon gar nichts mehr zu. Aber das ist ja immer schon ihr Problem von Kindheit an.*

Der Fokalsatz, der mir durch den Kopf geht ist: »*Ich kann mich nicht entscheiden, weil ich mir nichts zutraue.*« *Wir sprechen über ihre Leistung, dass sie sich zum Gespräch entschlossen hat, dass sie die Schwelle überschritten hat, dass sie es wagt sich zu äußern. Ich beruhige sie, dass sie ja noch nichts unternehmen muss, aber dass es gut ist, dass sie in Bewegung gekommen ist und ihre Fähigkeit dazu sieht. Sie geht und will sich überlegen, ob sie eine Beratung mit mir macht. Tatsächlich kommt sie einige Wochen später, um über den selbstbewussten Umgang mit dem Ehemann zu sprechen.*

6. Schlussfolgerungen

Unter Beratung kann man eine mit spezifischen Mitteln durchgeführte Methode der Hilfe in besonderen Lebenssituationen verstehen. Wenn es um Eltern geht, handelt es sich in der Regel um Probleme, die mit der Verantwortung für ein oder mehrere Kinder einhergehen.

BeraterInnen, SeelsorgerInnen und andere im kirchlichen Raum tätigen Helfer können sich durch die Beschäftigung mit den Grundregeln und –techniken von Beratung und mit einer Selbsterfahrung in Supervision und eigener Beratung weiterbilden, um ihre Aufgabe vor Ort mit relativer Sicherheit und Zuversicht auszuüben. Die Probleme von Eltern in unserer Gesellschaft sind von viel Unsicherheit und wenig Selbstverständnis geprägt. Andererseits gibt es bei ihnen auch Fähigkeiten und Ressourcen, auf die Berater bauen können.

Verschiedene Theorien und Behandlungserfahrungen können dabei eine Hilfe sein:
- die Bedeutung der bewussten *Präsenz* von Eltern gegenüber ihrem Kind,
- die authentische *Antwort* der Eltern auf ihr Kind und der BeraterIn auf den Ratsuchenden,
- die *Mentalisierung* von Affekten durch die Eltern
- die Nutzung der *Ressourcen* und positiven Lebenserfahrungen, die Klienten mitbringen,
- das Ernstnehmen der besonderen *Beziehung*, die durch Übertragung der Ratsuchenden auf die BeraterIn zustande kommt,
- die Möglichkeit, mit *Hypothesen* im Fokalsatz eine kurze Zusammenfassung des inneren Konflikts von Eltern zu formulieren,

- das Wissen um die verschiedenen Bedeutungen eines Satzes in der *Kommunikation*.
- Der *Respekt* für den eigenen Raum der Entwicklung von Fähigkeiten.
- Die *Geduld* für die Entwicklung einer Beratungsbeziehung.
- Die *Aufmerksamkeit* für die zufällig erscheinende Anknüpfung eines Gesprächs im Alltag.

Diese Merksätze sollen aber nicht den Blick auf Grundthemen verstellen, die in allen Elternberatungen eine Rolle spielen können. Hier ist vor allem die Bedeutung von Schuld und Verantwortung zu nennen. Diese Themen machen auch eine theologische Überlegung zur Annahme von Menschen mit Defiziten und Schuldgefühlen sinnvoll. Es geht dabei nicht um eine theoretische Erörterung oder eine verbale Zusage von rechtfertigender Qualität allein, sondern auch um eine gefühlte Akzeptanz des Ratsuchenden bei der BeraterIn.

Wenn im Titel auch noch von hilflosen und überforderten Eltern gesprochen wird (und damit von dem Eindruck, den Eltern am Anfang des ersten Gesprächs tatsächlich vermitteln), so wird nun deutlich, dass der Beraters sich auf die grundsätzliche Kraft zu einer Neuorientierung und zur Besinnung auf die vorscheinenden Talente des Ratsuchenden bezieht und nicht seine Defizite in den Vordergrund stellt. Martin Luther King hat das treffend ausgedrückt: Gott hat jedem Menschen die Fähigkeit verliehen, etwas zu erreichen. Keinen Menschen hat er ohne alle Talente gelassen.

* Alle Namen und Umstände der Fallbeispiele sind so weit verändert, dass Rückschlüsse auf tatsächliche Personen nicht möglich sind.

7. Techniken der Elternberatung auf einen Blick

Bewusste Präsenz
Drei Aspekte der elterlichen Präsenz:
– die Fähigkeit, wirksame Handlungen auszuführen,
– ein Bewusstsein für ein eigenes moralisches und persönliches Selbstvertrauen
– und das Gefühl, dass die eigenen Anstrengungen von anderen eher unterstützt als vereitelt werden (H. Omer/A. v. Schlippe 2002, 35).

Neues Verständnis von elterlicher Autorität: Eltern sollen sagen können: »Ich kann handeln«, »Dies ist richtig!« Und »Ich bin nicht allein!« Für das Kind – so meinen die Autoren – ist diese Resonanz zwischen elterlichem Handeln, elterlichem Selbstvertrauen und der Unterstützung durch die Umwelt eine formende Erfahrung.

Die stille und beharrliche Haltung der Eltern soll dem Kind zeigen: »Wir geben nicht auf! Du kannst uns nicht abschütteln! Wir bleiben da!« So wird elterliche Präsenz gezeigt.

Eltern sind reife Erwachsene und verfügen über Fähigkeiten wie Prospektion, Frustrationstoleranz, Nachhaltigkeit, Normentreue, die den Kindern noch nicht im gleichen Maße zur Verfügung stehen (vgl. Omer, Haim/van Schlippe, Arist, Autorität ohne Gewalt. Coaching für Eltern von Kindern mit Verhaltensproblemen. »Elterliche Präsenz« als systemisches Konzept, Göttingen 2002).

Bindungsfähigkeit
Unterschiedliche Bindungsmuster prägen das Beziehungsver-

halten des Menschen und seine Möglichkeiten zur Beziehung
– auch in der Beratung.
– Der Berater und die Beraterin müssen bereit sein, sich
  durch das Bindungssystem der Eltern ansprechen zu lassen
  und ihnen zeitlich, räumlich und emotional zur Verfügung
  stehen.
– Sie müssen als eine verlässliche sichere Basis fungieren,
  damit die Eltern mit emotionaler Sicherheit ihre Probleme
  bearbeiten können.
– Sie sollten nicht zu viel emotionale Nähe anbieten, wenn
  die Eltern das aufgrund ihrer Bindungsmuster nicht aushalten.
– Sie müssen (mit Kenntnis der unterschiedlichen Bindungsmuster) flexibel im Hinblick auf Nähe und Distanz sein.
– Sie sollten die Eltern dahin fördern, dass diese ihre Bindungserfahrungen und entsprechende Übertragungen
  revidieren.
– Sie sollten den Eltern helfen zu erkennen, dass die physische Trennung nicht gleichbedeutend ist mit dem Verlust
  der »sicheren Basis«.

(vgl. Brisch, K.H., Bindungsstörungen. Stuttgart 1999, 97f)

Mentalisierung von Affekten
Mentalisieren bedeutet, sich für die innere Welt zu interessieren und ihr einen Sinn zu geben und mentalisierte Affektivität hilft uns dabei, in ein und demselben Affekt neue
Bedeutungen wahrzunehmen. Für die Beratung von Eltern
ist die Vermittlung von Affektabstimmung interessant, weil
sie beim Versuch, eine Übereinstimmung mit ihrem Kind
zu erzielen, nicht Gegenüber bleiben, sondern an seine Seite
gehen, Verständnis für seine Affekte zeigen. Sie werden in der
Beratung dazu angeleitet, mit ihrem Kind zu schwingen und
eine positive Bindung zu erhalten.
– Halt geben und beruhigen
– Affekt erleben und ausdrücken lassen
– Kommunikation üben und genießen

– Mentalisierung (Sinngebung) und Selbstreflexion anleiten
– Bindung und Beziehung stärken
In allen geschilderten Versuchen der Annäherung von Eltern
an Kinder und Jugendliche geht es darum, die Beziehungs-
fähigkeit und das Interesse an Beziehung zu verstärken (vgl.
Fonagy, Peter/Gergely, Györgi/Jurist, Elliott L./Target, Mary,
Affektregulierung, Mentalisierung und die Entwicklung des
Selbst« Stuttgart 2004).

Authentische Antwort
Berater bleibt also nicht undurchschaubar, sondern stellt ein
Stück verlässlicher Realität dar, an der sich der Ratsuchende
orientieren kann. Er korrigiert, hilft ihm zu verstehen, wie
sein Verhalten auf andere, in diesem Fall das Kind, wirkt oder
überlegt, welche Bedürfnisse und Gefühle die Eltern haben
könnten. Heigl-Evers/Heigl/Ott haben die Technik einer Therapie beschrieben, die Strukturen der Ratsuchenden stärken
kann. Diese Techniken können für die Elternberatung modifiziert werden. Es geht dabei um
– das Prinzip der authentischen, aber ausgewählten, also selektiven Antwort des Beraters
– das Prinzip der Übernahme von Hilfs-Ich-Funktionen des
  Beraters
– den Umgang mit dem affektiven Erleben der Eltern (Heigl-
  Evers/Heigl/Ott, 212)

Diese therapeutische Einstellung ist als strukturbezogene
Therapie zu einer entwicklungsorientierten Arbeit weiterentwickelt worden (vgl. G. Rudolf, Strukturbezogene Psychotherapie, Stuttgart 2004, 162ff).

Nutzung der Ressourcen und positiven Lebenserfahrungen
Elternberatung kann nicht aus der Vermittlung von Expertenratschlägen bestehen. In der Beratungsbeziehung kommt es
auf die gemeinsame Suche nach den Ressourcen und Beziehungsmöglichkeiten des Elternpaares an.
  Vorhandene und potentielle Kompetenzen der Familie sol-

len identifiziert und erweitert werden. Dies entspricht einem
Modell familialer Resilienz, deren Schlüsselprozesse sind:
- Sinnfindung in widrigen Lebensumständen,
- optimistische Einstellung,
- Transzendenz und Spiritualität,
- Flexibilität,
- Verbundenheit,
- soziale und ökonomische Ressourcen,
- klare Botschaften,
- Gefühle zum Ausdruck bringen,
- gemeinsam Probleme lösen.

Die genannten Einstellungen und Fähigkeiten können Eltern
auch in schwierigen Lebenssituationen helfen, Sicherheits-
und Geborgenheitsgefühle zu behalten und an ihre Kinder
weiterzugeben. Eine religiöse Verortung kann so z.B. Zuversicht und Stabilität verleihen. Eine Warmherzigkeit und Gefühlshaftigkeit kann gegen Ohnmachtsgefühle helfen etc.
     Resilienz wird verstanden als Fähigkeit, zerrüttenden Her-
ausforderungen des Lebens standzuhalten und aus diesen Erfahrungen gestärkt und bereichert hervorzugehen (vgl. Froma
Walsh 2006, 48, 62, 43; Walsh, Froma, Ein Modell familialer
Resilienz und seine klinische Bedeutung. In: Welter-Enderlin,
Rosemarie/Hildenbrand, Bruno [Hg.], Resilienz – Gedeihen
trotz widriger Umstände, Heidelberg 2006)

Ernstnehmen der besonderen Beziehung (Übertragung)
Ziel einer Beratung muss es eher sein, die Bedingungen von Elternschaft, die Verstrickungen der Eltern und ihre persönliche
Unsicherheit zu bearbeiten. Wenn sie das Gefühl haben, dass
ihnen keine Fehler nachgewiesen werden sollen, sondern dass
es in der Beratung eher um das Verstehen von Gefühlen und
Handlungen und den ihnen zugrunde liegenden Motiven geht,
sind sie bereit sich zu öffnen. J. Novick und K. Novick, die sich
als Vertreter einer pragmatischen Psychoanalyse verstehen
(233), haben in einem Buch über die Elternarbeit während
einer kinderanalytischen Behandlung beschrieben, worum es

schon in der Anfangsphase der Arbeit gehen kann. Die Eltern sollen für die folgenden Transformationen gewonnen werden:
- Aus Schuldgefühlen soll sinnvolle Sorge werden
- Aus Selbsthilfe soll gemeinsame Arbeit werden
- Aus situationsgebundenen Erklärungen sollen innere Bedeutungen und Motivationen entstehen.
- Aus Externalisierungen auf das Kind soll eine Abstimmung mit dem Kind werden.
- Aus einer Idealisierung oder Entwertung des Kindes soll primäre Elternliebe werden.

Wenn sie dazu in der Lage sind, können sie ihr Kind auch als eine getrennte Person sehen und sich selbst als Personen, die ihm gegenüber eine Verantwortung haben (43f). Elternberatung wird dabei als eine Chance der Eltern verstanden, sich selbst zu verändern und damit die Entwicklung des Kindes zu unterstützen. Das bedeutet, dass die Eltern über die Klärung des Verhaltens im Alltag und die Besprechung von möglichen erzieherischen Verhaltensweisen hinaus auch an sich selbst, ihrer Beziehung zueinander und zum Kind arbeiten. Dabei ist die biografische Arbeit an den Elternbildern, die sie selbst internalisiert haben unumgänglich und eröffnet u.U. erst ein offenes Gespräch (vgl. Novick, Jack/Novick, Kerry K., Elternarbeit in der Kinderpsychoanalyse, Frankfurt 2009).

Konzentration im Fokalsatz

Elternberatung wird häufig dann nötig, wenn die Eltern selbst Konflikte in ihre Erziehung hineinbringen, die aus unterschiedlichen eigenen Erfahrungen von Erziehung (die man auch erfragen sollte) oder divergierenden Interessen in der Beziehung zum Kind entstammen. Um den Konflikt, der dadurch entsteht fassen zu können, wird in der Psychotherapie mit einem Fokalsatz gearbeitet. Ein Fokalsatz entsteht durch die Erarbeitung einer Hypothese über die zentrale unbewusste Dynamik eines aktuellen Problems. Er gibt dem Berater eine innere Orientierung für das Verständnis der Eltern und eine

Richtung für das Ziel der Beratung. Mit *Lachauer* soll Fokus hier verstanden werden als eine Verbindung zwischen einem aktuellen Hauptproblem der Eltern und einer Aussage über die unbewussten Hintergründe.

Der Fokalsatz besteht aus

– einer Benennung bzw. Beschreibung des Problems, das die Mutter bzw. die Eltern in die Beratung gebracht hat und
– einer psychodynamischen Hypothese über die unbewussten Hintergründe des Problems.

Die Bemühung um die Formulierung einer solchen Hypothese gibt der Beraterin mehr Klarheit über den Konflikt der Klientin und das Verständnis hilft ihr, eventuelle Angriffe und Infragestellungen auszuhalten (vgl. Lachauer, Rudolf, Der Fokus in der Psychotherapie: Fokalsätze in der Psychotherapie und anderen Formen analytischer Psychotherapie, München 1992, 22).

Klare Botschaften

Neben einer so offenen analytisch orientierten Einstellung kann das Wissen über die Differentielle Psychologie der Kommunikation und das Quadrat der Nachricht (Schulz von Thun) leitend und hilfreich sein.

Die Beraterin empfängt die vier Seiten der Äußerung mit »vier Ohren«:

– mit dem Sach-Ohr versucht sie den sachlichen Informationsgehalt zu verstehen,
– mit dem Selbstkundgabe-Ohr ist sie diagnostisch tätig (»was ist mit dem Ratsuchenden los? Welche Gefühle und Motive sind mit seiner Äußerung verbunden?«)
– Mit dem Beziehungsohr nimmt sie auf, was der Mensch von ihr zu halten scheint, (fühlt sie sich richtig gesehen und bewertet oder aber gerügt, beschämt, beschuldigt?)
– Mit dem Appell-Ohr hört sie die Aufforderung heraus, die sie an sich gerichtet fühlt. Dieses Ohr ist empfänglich für den »Druck«, der sich mit einer Äußerung verbindet und unter den sie sich gesetzt fühlen kann.

In der Kommunikationspsychologie wird darauf hingewirkt, dass wir als Sender einer Nachricht weitgehende Übereinstimmung von »Innerung« und »Äußerung« erzielen. Dies erfordert Übung in der Selbstwahrnehmung und ist am Zielwert der Authentizität orientiert. Wir wollen also eine freundliche, wohlwollende, beziehungsstiftende Einstellung vermitteln.

Außerdem wollen wir versuchen, die »hinter« der Äußerung liegende »Innerung« aufzuspüren und so zu einem tieferen Verständnis gelangen. Dieses Aufspüren verbindet sich nicht mit einer detektivisch-diagnostischen Haltung, sondern mit einer der wohlwollenden Einfühlung. Dies erfordert Übung im vierohrigen Zuhören und ist am Zielwert der Empathie orientiert (23) (vgl. Friedemann Schulz von Thun, Miteinander Reden 2, Stile, Werte und Persönlichkeitsentwicklung, Differentielle Psychologie der Kommunikation, Hamburg 1992, 19f).

- Raum für Eigenes
- Raum für Eigenes entstehen lassen,
- Kreative Ideen und Fertigkeiten anerkennen und unterstützen,
- Bemühungen, etwas Eigenes auszuprobieren und darzustellen befürworten
- Wettbewerb gelassen akzeptieren
- Generationsgrenzen einhalten und damit Bereiche von jugendlicher Aktivität frei
- Überdominantes Elternverhalten (»Ich weiß schon, was gut für dich ist«) überprüfen
- Anerkennendes Mitgehen bei erfolgreichen Selbstrepräsentationen (Vorspiel, Theaterstück, Sportturnier).

Auch für die Beratung der Eltern gilt dieser Respekt für den eigenen Raum der Entwicklung von Fähigkeiten. Berater und Beraterin können hier modellhaft zeigen, dass nicht ihre Leistung und ihr Fachwissen alles beherrschen, sondern die erfolgreichen Versuche der Eltern, eine neue Kommunikation mit ihren Kindern zu starten.

Beratung als Prozess
Zusammengefasst könnte die Aufgabe des Beraters (der Beraterin) im Prozess der Beratung so beschrieben werden:
- Ich gebe den Eltern Raum, sich und ihre Sorgen darzustellen.
- Ich hole sie da ab, wo sie stehen und fühle mich in sie ein.
- Ich versuche, sie auch aus ihrer Entwicklung und aus ihrer Lebenswelt heraus zu verstehen.
- Ich einige mich mit ihnen auf ein Ziel der Zusammenarbeit (Beratungsauftrag).
- Ich zeige mich als Stütze für ihre Erziehungsaufgabe.
- Ich sehe sie als kompetente Mitarbeiter.
- Ich stelle Ihnen meine Eindrücke und meine Erfahrung frei zu ihrer Verfügung.
- Als Dritter gebe ich ihnen ein Gefühl für den Umgang mit dem Kind als Dritten (Akzeptanz von Verschiedenheit und Andersartigkeit).
- Ich stelle mich interessiert auf ihre Möglichkeiten und Ressourcen ein.
- Abschließend überprüfe ich mit ihnen den Beratungsauftrag und das Erziehungsziel.

Kurzberatung
In der Kurzberatung verändert sich die Haltung des Beraters in eine
- Aktivere, engagierte und nach den Fähigkeiten des Ratsuchenden forschende Beziehung.
- Er nutzt die Möglichkeit der Begegnung für ein wegweisendes Gespräch
- Er führt von Rollenzuschreibungen weg zu den Ressourcen des Anderen.
- Er achtet auf Kernsätze, die ihm das Problem entschlüsseln.
- Er gibt eine positive Rückmeldung für eine Lösung.

(vgl. Lohse, Timm H., Das Kurzgespräch in Seelsorge und Beratung. Eine methodische Anleitung, Göttingen [3]2008.)

8. Adressen von Hilfseinrichtungen

Über die Internetadresse www.evangelische-beratung.info können Beratungsstellen der evangelischen Landeskirchen und Diakonischen Werke gefunden werden. Hier wird auch ein geschützter E-Mail-Verkehr vermittelt.

Das Evangelische Zentralinstitut für Familienberatung www.ezi-berlin.de informiert über Weiterbildungen für Psychologische Beratung, Paarberatung und Familienberatung, sowie über Hauptstellen der Psychologischen Beratungsarbeit, die für Fort- und Weiterbildung in den Landeskirchen zuständig sind.

Bei www.ekful.de können Informationen über die Arbeit der Evangelischen Konferenz für Ehe-, Familien- und Lebensfragen (auch Mentoren und Supervisoren der EKFuL) eingeholt werden.

9. Weiterführende Literatur

Ahlheim, Rose, Über die Bedeutung der Differenz innerhalb der Triade. In: AKJP, Heft 143, XL. J., 3/2009, 345–361.

Beck, Ulrich/Beck-Gernsheim, Elisabeth, Das ganz normale Chaos der Liebe, Frankfurt 1990.

Bowlby, John, Bindung, München 1975.

– Verlust, Trauer und Depression, Frankfurt 1983.

Brisch, Karl-Heinz, Bindungsstörungen. Stuttgart 1999.

Bastian, Till et al., Kain: Die Trennung von Scham und Schuld am Beispiel der Genesis. In: Psyche XLIV 1990, 1100–1112.

Buber, Martin, Heilung aus der Begegnung, Vorwort zum gleichnamigen Buch von TRÜB, Hans, 1951.

Dammasch, Frank/Metzger, Hans-Geert (Hg.), Die Bedeutung des Vaters. Psychoanalytische Perspektiven, Frankfurt/M. 2006.

Dietzfelbinger, Maria, Trennungsberatung. Beratung von Paaren, die auf Trennung und Scheidung zugehen, Göttingen 2010.

Ernst, Andrea/Herbst, Vera/Langbein, Kurt/Skalnik, Christian, Kursbuch Kinder, Eltern werden – Eltern sein. Köln 1993.

Fonagy, Peter/Gergely, Györgi/Jurist, Elliott L./Target, Mary, Affektregulierung, Mentalisierung und die Entwicklung des Selbst, Stuttgart 2004.

Freud, Sigmund, Der Familienroman der Neurotiker. Traumdeutung, GW. Bd. II/III.

– Der Mann Moses und die monotheistische Religion. Drei Abhandlungen. GW Bd. XVI.

Gaschke, Susanne, Die Erziehungskatastrophe. Kinder brauchen sehr starke Eltern, München 2003.

Girard, René, Ich sah den Satan vom Himmel fallen. Eine kritische Apologie des Christentums, München/Wien 2002.

Haar, Rüdiger, Persönlichkeit entwickeln – Beratung von jungen Menschen in einer Identitätskrise, Göttingen 2010.

– Psychoanalytische Orientierung in der Arbeit mit Kindern, Jugendlichen und Erwachsenen in der Erziehungsberatungsstelle, in: Oetker-Funk et al.

– Tiefenpsychologisch fundierte und analytische Psychotherapie in Gruppen bei Kindern und Jugendlichen, in: Hopf, Hans und Windaus, Eberhard (Hg.), Lehrbuch der Psychotherapie, Bd. 5: Psychoanalytische und tiefenpsychologisch fundierte Kinder- und Jugendlichenpsychotherapie München 2007, 553–568.

Heberle, Britta, Die frühe Vater-Kind-Beziehung. Wandlungen im psychoanalytischen Verständnis, in: Dammasch, Frank/Metzger, Hans-Geert (Hg.), Die Bedeutung des Vaters. Psychoanalytische Perspektiven, Frankfurt/M. 2006.

Heigl-Evers, Annelise/Heigl, Franz/Ott, Jürgen, Lehrbuch der Psychotherapie, Stuttgart/Jena 1994.

Heigl-Evers, Annelise/Nitschke, B., Das Prinzip »Deutung« und das Prinzip »Antwort« in der psychoanalytischen Therapie. Z.Psychosom Med 37; 1991, 115–127.

Henry-Huthmacher, Christine/Borchard, Michael (Hg.), Eltern unter Druck, Selbstverständnisse, Befindlichkeiten und Bedürfnisse von Eltern in verschiedenen Lebenswelten, eine sozialwissenschaftliche Untersuchung von Sinus Sociovision im Auftrag der Konrad-Adenauer-Stiftung e.V. von Tanja Merkle und Carsten Wippermann, Stuttgart 2008.

Isaakson, Annalena, Im dritten und vierten Glied. In: AKJP, Heft 143, XL. J., 3/2009, 331–344.

Klessmann, Michael, Seelsorge. Begleitung, Begegnung, Lebensdeutung im Horizont des christlichen Glaubens. Ein Lehrbuch, Neukirchen-Vluyn 2008.

Koschorke, Martin, persönliche Mitteilung anlässlich einer Fortbildung in Paarberatung.

Krähenbühl, Verena/Schramm-Geiger, Anneliese/Brandes-Kessel, Jutta, Meine Kinder, deine Kinder, unsere Familie. Wie Stieffamilien zusammenfinden, Hamburg 2000.

Kreische, Reinhard, Paare in Krisen, Reinbek bei Hamburg 1994.

Lachauer, Rudolf, Der Fokus in der Psychotherapie: Fokalsätze in der Psychotherapie und anderen Formen analytischer Psychotherapie, München 1992.

Limmer, Ruth, Analyse von Berichten der öffentlichen Hand auf Ebene der Bundesländer sowie ausgewählter Kommunen, ifb-Materialien Nr. 1–98, Staatsinstitut für Familienforschung an der Universität Bamberg.

Lohse, Timm H., Das Kurzgespräch in Seelsorge und Beratung. Eine methodische Anleitung, Göttingen ³2008.

Luther, Henning, Religion und Alltag, Bausteine zu einer Praktischen Theologie des Subjekts, Stuttgart 1992.

Novick, Jack/Novick, Kerry K., Elternarbeit in der Kinderpsychoanalyse, Frankfurt 2009.

Oetker-Funk, Renate/Dietzfelbinger, Maria/Struck, Elmar/Volger, Ingeborg, Psychologische Beratung, Beiträge zu Konzept und Praxis, Freiburg i.B., 2003.

Omer, Haim/van Schlippe, Arist: Autorität ohne Gewalt. Coaching für Eltern von Kindern mit Verhaltensproblemen. »Elterliche Präsenz« als systemisches Konzept, Göttingen 2002.

–　Stärke statt Macht. »Neue Autorität« als Rahmen für Bindung. In: Familiendynamik 34. Jg., Heft 3/2009.

Pesch, Otto Hermann, Neues Glaubensbuch, Freiburg 1973.

Petersen, Yvonne/Köhler, Lotte, Die Bindungstheorie als Basis psychotherapeutischer Interventionen in der Terminalphase, Forum Psychoanal 2005, 21:277–292.

Rauchfleisch, Udo, Alternative Familienformen: Eineltern, gleichgeschlechtliche Paare, Hausmänner, Göttingen 1997.

Roessler, Ingeborg, Zwischen Wertorientierung und Dienstleistungsmentalität. In: Psychologische Beratung hg. von Oetker-Funk et al., Beiträge zu Konzept und Praxis, Freiburg i.B. 2003.

Rudolf, Gerd, Strukturbezogene Psychotherapie, Stuttgart 2004
– Strukturbezogene Psychotherapie: Klinisch-therapeutische und entwicklungspsychologische Grundlagen, in: Analytische Kinder- und Jugendlichenpsychotherapie H.134, XXXVIII.Jg. 2/2007, 223–239.

Sandler, Joseph, Über die Bindung an die inneren Objekte 2003, 19:224–234.

Schulz von Thun, Friedemann, Miteinander Reden 2, Stile, Werte und Persönlichkeitsentwicklung, Differentielle Psychologie der Kommunikation, Hamburg 1992.

Stern, Daniel, Die Mutterschaftskonstellation. Stuttgart 2006.

Stein, Edward von: Schuld im Verständnis der Tiefenpsychologie und Religion, Olten 1978, 181f.

Streeck, Ulrich, Zur therapeutischen Beziehung in der Psychotherapie, in: Leichsenring, Falk (Hg.), Lehrbuch der Psychotherapie für die Ausbildung zur/ zum Psychologischen PsychotherapeutIn und für die ärztliche Weiterbildung, Bd. 2: Vertiefungsband psychoanalytische und tiefenpsychologisch fundierte Therapie, München 2004, 33–46.

Tillich, Paul, Seelsorge und Psychothcrapie. In: Offenbarung und Glaube, Ges.W. Bd. VIII Stuttgart 1970.

Walsh, Froma, Ein Modell familialer Resilienz und seine klinische Bedeutung. In: Welter-Enderlin, Rosemarie/Hildenbrand, Bruno (Hg.), Resilienz – Gedeihen trotz widriger Umstände, Heidelberg 2006.

Winkler, Klaus, Seelsorge, Berlin/New York 1997.

Winnicott, Donald W., Vom Spiel zur Kreativität, Stuttgart 1973.

Winterhof, Michael, Warum unsere Kinder Tyrannen werden. Oder: Die Abschaffung des Kindes, Gütersloh [18]2009.

Wurmser, Leon, Das misshandelte Kind, Vortrag in Tiefenbrunn Himmelfahrt 1992.

Ziemer, Jürgen, Seelsorgelehre, Göttingen [3]2008.

Zwiebel, Ralph, Der Schlaf des Analytikers, Stuttgart 1992.